U0735844

国际传播视域下
跨文化外语教育理论研究

顾红霞　袁　靖◎著

吉林出版集团股份有限公司

全国百佳图书出版单位

图书在版编目（CIP）数据

国际传播视域下跨文化外语教育理论研究 / 顾红霞，
袁靖著. -- 长春：吉林出版集团股份有限公司，2025.
4. -- ISBN 978-7-5731-6184-0

Ⅰ. H09

中国国家版本馆CIP数据核字第2025AH7199号

GUOJI CHUANBO SHIYU XIA KUA WENHUA WAIYU JIAOYU LILUN YANJIU

国际传播视域下跨文化外语教育理论研究

著　　者	顾红霞　袁　靖	
责任编辑	于　欢	
装帧设计	清　风	

出　　版	吉林出版集团股份有限公司
发　　行	吉林出版集团社科图书有限公司
地　　址	吉林省长春市南关区福祉大路5788号　邮编：130118
印　　刷	长春新华印刷集团有限公司
电　　话	0431-81629711（总编办）
抖 音 号	吉林出版集团社科图书有限公司　37009026326

开　　本	710 mm×1000 mm　1 / 16
印　　张	13
字　　数	200千字
版　　次	2025年4月第1版
印　　次	2025年4月第1次印刷

书　　号	ISBN 978-7-5731-6184-0
定　　价	58.00元

如有印装质量问题，请与市场营销中心联系调换。0431-81629729

前　　言

随着全球一体化进程的加快，国际交流与合作日益频繁。然而，文化的差异时常给交流带来阻碍，跨文化教育由此产生，成为教育界努力倡导的新方向。外语能力培养与跨文化能力培养的有机融合是新时代外语教育的重要特征，由此培养出来的人才既具有家国情怀和文化自信，又具有国际视野和较强的跨文化沟通能力，他们将成为中国文化"走出去"、促进文明交流互鉴、推动构建人类命运共同体的重要力量。

英语能力培养与跨文化能力培养的有机融合是新时代英语教育的重要特征之一。我们要服务于国家战略目标，培养出更多具有文化自觉和文化自信的人才，为促进不同国家间的文化融通、民心相通做出新的贡献，努力达到"各美其美，美人之美，美美与共，天下大同"的跨文化交流理想境界。

本书首先深入剖析了国际传播背景下，跨文化外语教育的重要性与实践策略，基于此，从语言国际传播相关理论出发，对国际传播视域下的外语教育进行系统、专业的解读与分析；其次对跨文化外语的教育基础进行梳理与总结，对跨文化意识的培养、跨文化交际中的言语交际与非语言交际等相关内容进行研究和总结；再次对跨文化外语教育与教学新方向进行分析；最后对跨文化传播进行升华与总结。

希望本书的出版能够为高校相关专业教师的教学工作和广大学生的学习带来帮助。在撰写本书的过程中，为了提高内容的质量，笔者特意请教了多位专家学者，并得到了多方的鼓励和帮助，在此表示衷心的感谢。然而，由于笔者自身知识储备不足、写作能力尚待提高，书中难免有不尽如人意之处，恳请广大读者批评指正。笔者将会积极听取各方的意见和建议，不断对本书进行修改和完善。

目　　录

第一章　国际传播视域下的外语教育

第一节　国际传播视域下的外语人才培养策略

互联网时代推动了全球经济一体化进程，我国抓住机遇，积极参与国际经贸合作和文化交流。随着全球化的深入，我国与世界各国之间的文化交流日益增多，因此迫切需要精通外语的高素质复合型人才。当前，跨文化传播和外语交际人才的培养主要依赖于大学教育体系。因此，大学在教育过程中应注重提升学生的外语能力，以及跨文化交际的知识与技能。单纯的语言能力并不足以应对复杂的跨文化传播和交际需求。学生不仅需要具备卓越的语言能力，还需要理解并尊重不同的文化，掌握跨文化交际技巧，从而在全球化背景下有效促进国际交流与合作。

一、外语学科与国际传播能力的建设

外语学科的知识体系相对完整，并且具有开放性特征，可以不断吸收新的内容，从而实现持续动态发展。同时，其他学科的发展、社会结构及世界格局的变化，都可能对外语学科的发展产生影响。在学科建设中，要把知识体系中最核心的部分做强、做实，就必须把基础夯实。外语学科的核心是深耕外国语言文化，做到学习一门语言、了解一个国家。精准翻译是外语学科助力国家实现文化与信息的国际传播建设的重要途径。这就对我国外语教育有关人员提出了要求：基于语言和文学文化研究，通过扎实的基础性研究推动高质量知识生产，深刻理解对象国的民族特性、文化渊源与文明历程；基于交叉学科的协同，持续更新对象国的当代社会发展研究报告，涵盖政治、外交、社会文化等。随着外语学科内涵的不断丰富，

研究成果以著述论文、研究报告、咨政报告等形式呈现，为其他学科领域、社会各行业及各级政府部门开展精准有效的国际传播提供了理论支撑与现实参考。

外语专业培养的学生，能够用对方听懂的方式讲述中国故事，是一种国际传播；用平等对话的方式与对方交流文学、历史等，同样也是国际传播，这代表了中国国民的文化内涵、素养与眼界。对外语专业的学生来说，首先要深入了解对象国的语言文化，有能力与对象国开展深入的跨文化沟通和交流，在此基础上要有能力、有意识讲好中国故事，做好国际传播，从文学到文化、到文明，在国际传播中实现文明互鉴。

二、外语专业人才的国际传播能力

（一）卓越的外语写作能力

外语专业人才的国际传播能力，首先表现为卓越的外语写作能力。只有用地道、准确的外语和接近对象国文化心理的方式进行写作，才能拉近彼此距离，引起对方的情感共鸣，也才能引起对象国读者的关注与兴趣，在对象国产生传播效力。高级写作能力表现为：具有用外文写作的习惯，善于观察，勤于用笔，记录点滴身边事，坚持用外文写日记；在阅读中，摘抄有益的句子，仿写有趣的段落；在阅读后，将所读内容进行提炼与总结。

对外语专业学生而言，写作主要有三种类型，包括：（1）记叙文、议论文等基础文体写作；（2）创意写作；（3）学术论文写作。这三种类型的写作虽然都关乎培养学生的国际传播能力，但其发挥的空间各不相同。就基础文体写作而言，外语教师要鼓励学生挖掘自己家乡的特色文化，用外语讲述家乡故事与地方民俗，特别是涉及非物质文化遗产的内容，更要认真学习掌握；建议学生将写作文章积极投稿到国内外的外文报刊，这就在传承的同时实现了发扬中华文化与推动国际传播。就创意写作而言，目前相关写作训练还没有在全国普及，只有少数院校的外语专业开设了该门课程。该课程对师资要求很高，外语专业教师要与中国当代作家、外国教师联袂授课。教师必须创新课堂教学，只有提升学生的想象力、共情力与叙事能力，才能使学生具备外语创作的意识与能力。相对于前两者，学术论文写作对学生要求更高。尝试写作学术论文，学生能更早进入学术研究状态，培养创新思考的能力。外语教师可以引导学生以团队合作方式展开学术研究，共享网络平台学术信息，从而参加国际学术会议、投稿论文、参评国际学术论文奖项，在文学研究、语言学研究、跨文化研究等领域与国外同辈开展对话和交流。

（二）良好的翻译能力

外语专业人才的国际传播能力，其次表现为对外翻译能力。"培养高质量对外翻译人才成为打通国际传播'最后一公里'的关键因素。"具备良好的翻译能力是外语专业人才鲜明的标志，在译介世界方面做出了巨大的贡献。优秀的翻译作品能帮助中国人了解世界，是连接中国与世界的桥梁。当今时代，国家对翻译人才的要求已经从"翻译世界"走到了"翻译中国"。对外语专业学生而言，不仅要有扎实的中文和外文语言文字功底，还要熟悉中国历史文化，了解当代中国国情，掌握中国智慧。培养外语专业学生的翻译能力，教师的教学是一方面，另一方面就要求学生提升翻译自学意识，比如：随身携带词汇术语记录本，随想随记，积累中国文化的译文术语；阅读报刊，如当代中国重要文献资料的外文版，熟悉中国特色语汇的外文表述；自主学习中华文化典籍，边学边译，循环往复；阅读、对比、分析、总结中外译者不同版本的中国文化典籍翻译，从而在加深对中国文化理解的基础上提升翻译能力。

（三）优秀的跨文化沟通能力

外语专业人才的国际传播能力，最后表现为跨文化沟通能力。优秀的中华传统文化具有非常重要的现实价值，传播中华传统文化就必须把其中的精髓提炼、展示出来。培养外语专业学生的跨文化沟通能力，就必须使其对当代中国有清晰的了解，通过中外比较的维度来发现中华优秀传统文化对世界其他国家的意义。外语专业人才要进行跨文化比较，在比较的基础上达到共情与理解，"实现得体和有效的跨文化沟通"，在比较与互动的跨文化沟通中实现国际传播。

三、国际背景下跨文化传播外语交际人才的现实需要

在当代中国，外语专业教学的目标正在经历显著的转变，从传统的注重语言运用能力逐渐向培养跨文化语言交际综合能力方向倾斜，这一转变反映了全球化进程中国家对外语专业人才的新需求，即培养学生在不同文化背景下进行有效沟通的能力。传统的外语教学模式已经不能满足培养跨文化交际专业人才的需求，为了满足这一新需求，就需要引入更加灵活、多样化的教学方法，创新培养模式。在培养学生跨文化语言交际综合能力的过程中，要提高对综合实践应用的重视程度。因为学生既需要掌握语言知识，也应通过实践应用促进语言思维模式的创新转变。这意味着教学不应仅局限于课堂上的语言知识传授，还需要通过实际的跨文化交流活动。外语专业教学过程中，可以增加一些课外活动，如国际交流项目、语言实践活动等，增强学生的综合实践能力，使他们能够在真实的跨文化环境中自如应对。

跨文化外语交际人才的培养不仅仅在于语言技能的提升，更在于利用语言知识搭建文化桥梁的能力。这种能力要求学生不仅能流利地使用外语，还能理解和尊重不同文化之间的差异，并能在不同文化背景下进行有效的沟通和协作。然而，在偏远地区的学校，由于缺乏地理优势和相关政策扶持，外语专业教学过程中对培养学生的跨文化传播能力重视不足。一般来说，这些学校往往难以获得足够的资源和机会来开展跨文化交流活动，这无疑在很大程度上限制了学生的对外扩展视野和外语交流实践机会。同时，教师素质问题也是当前外语教学中的一大挑战。部分高校的外语教师缺乏跨文化传播知识和异域文化经验，必然影响其教学效果。在当代，外语专业教学目标已经对教师提出了更高的要求，扎实的语言知识已经不足以应对教学需求，教师还需要具备丰富的跨文化交流经验，以便在教学中融入更多的文化元素，帮助学生更好地理解和适应不同文化背景下的语言实践。此外，课时限制同样是一个需要解决的问题。在外语专业教学中，受限于课时，文化部分的讲解时间往往不足，导致学生对目标语言文化背景的理解不够深入。为了解决这一问题，教师可以在课程设计上进

行调整，提高跨文化内容的比重，使学生在有限的时间内获得更多的文化知识和实践机会。

四、跨文化传播外语交际人才须具备的能力

跨文化传播交际能力是指在与不同文化背景的人们交流时，具备优秀的语言和语用能力，以及跨文化交流意识和实践能力。这种能力的核心是语言能力，以听、说、读、写、译这五大方面技能为主。掌握这些技能是有效沟通的基础，但跨文化交际不仅依赖于语言能力，还需要具备语用能力，即在特定语言环境中，综合考虑社会和文化环境因素，合理使用语言的能力。跨文化传播交际外语人才与普通外语使用者的不同之处在于，他们不仅能在特定文化环境中合理运用外语，还能传播中国文化。为此，他们不仅需要掌握外语基础知识，还需要融汇多学科、多种文化知识，具备更高的跨文化交流意识和实践能力，从而能够在不同文化背景下实现有效沟通和互动。

（一）良好的综合素质

在全球化背景下，外语专业人才的需求已不再局限于传统的听、说、读、写能力，他们还须具备团队合作精神，优秀的交际沟通能力、文化传播能力，以及应对紧急或突发状况的综合能力。在国际交流中，跨文化传播交际外语人才的作用尤为突出。他们不仅能提供高质量的服务，推动经济发展，还能促进国际交往与企业间的合作。面对全球化带来的各种挑战和突发状况，这些人才需要具备敏锐的判断力和快速反应能力，以加强国际交流与合作，确保各项事务的顺利进行。

（二）较强的创新能力

创新发展是推动国家经济和社会进步的核心动力，创新型跨文化传播的外语交际人才是现代社会对外语专业人才的更高要求。跨文化传播外语交际人才不仅要具备扎实的专业素养和深厚的学科知识，还需要了解其他学科的相关知识，培养自己的创新意识和能力，这样才能在各自的领域中不断突破，推动自身发展。这类人才拥有丰富的专业知识和国际视野，具备开拓创新的精神和高效的合作沟通能力。只有这样，他们才能在国际舞

台上自如应对各种挑战，为推动全球化进程和国际合作做出更大的贡献。

五、加强外语复合型人才培养的重要性

在全球竞争中，文化软实力的作用日益凸显。我国在经济上取得举世瞩目的成就的同时，还需要向世界各国阐释社会主义核心价值观的内涵，及时向世界讲好中国故事，赢得世界对中国发展道路的认同，从而对世界现代化建设产生积极影响。这样既有助于中国自身的发展，也有助于世界的和平与发展，还能同时提升我国的文化软实力。为此，重视并加强培养外语复合型人才、提升外语人才的国际传播能力就成了当代中国外语专业教育的重要任务，学校应当加强对这类人才的培养。他们不仅要掌握多种外语，还要了解中国的文化背景和价值观，以便更好地传播中国声音，树立中国的良好形象，提高中国在国际社会的话语权。

六、跨文化传播课程对外语交际人才培养的重要性

跨文化传播课程在培养中国学生的多元文化交流意识方面起着显著作用。通过此类课程，学生能够深入了解不同文化背景下的价值观、传统习俗及思维方式，增进对异域文化的理解与感悟。在这一过程中，教师应积极引导学生树立全球化的文化观，帮助他们拥有更广阔的国际化视野。此外，教育部门和外语教育理论学者也需要共同努力，为跨文化传播外语交际人才的培养提供政策支持和理论资源。

（一）制定合理的教育观念

在当代教育体系中，培养跨文化交际人才已被确立为一个重要的教育目标。这一理念的确立源于对于全球化时代的认识，即认识到跨文化交际能力对于个人职业发展及国家间的互通起着至关重要的作用。教育观念和目标体系的转变，为培养跨文化交际人才提供了目标指引，这意味着外语专业教学不再仅仅关注于语言技能的传授，而是更加注重培养学生的跨文化沟通能力和意识。

（二）提升教师的跨文化交际能力

外语专业教师必须了解当代国际形势下国家对跨文化传播外语交际人才的需求标准，并制订合理的培养计划。为此，外语教师不仅要具备扎实的语言能力，还需要具备丰富的跨文化交际经验和教学方法。为了提高教师的跨文化交际意识和能力，建立强大的培训网络是必不可少的。国家可以通过投入资金支持教师的公派留学、访学，让他们亲身体验不同文化背景下的教育环境，进行跨文化交流实践。同时，通过各种培训模式，教师能够提高对跨文化教育的认知，确立跨文化交际的理论框架，从而更好地指导实践。教师也应当意识到跨文化外语教学的重要性和紧迫性，积极实践跨文化外语教学理念，不断更新自己的教学方法，结合学生的实际情况，设计能够促进跨文化交际能力培养的课程。

七、外语复合型人才培养路径

当今世界，中国文化在全球的影响力持续增强，各国对真实、立体、全面的中国形象愈加重视。因此，加强对外传播力建设以增强我国在国际上的话语权，势在必行。在这一过程中，培养外语复合型人才面临全新要求，即更广泛的跨文化交流能力、更深层次的国际视野和更灵活的创新能力，以及应对不断变化的国际环境的适应能力。

（一）转变教学观念，提高综合素养

随着现代科技的飞速发展，中西方在经济、人文、科技等领域有着深度的交流，各领域高素质的外语人才积极参与，为跨文化交流搭建了平台。这种趋势的发展要求培养复合型人才，而传统的教学方法则在面对这一新需求时逐渐显现出不足。因此，教育者应积极转变教学观念，以提升人才综合素养为目标，并采取多样化的教学手段。在这一过程中，注重学生基本外语技能的培养尤为重要，夯实听、说、读、写、译等基础，为他们未来从事对外传播工作做好铺垫。除了基本外语技能外，还需要强化学生对外语专业知识以外的学习，涉及金融、法律、新闻、外贸等领域，从而培养学生利用专业优势讲好中国故事，增强国际传播的影响力。此外，

学生的综合素养培养也应成为教育的重点，包括思想道德素质、身体素质、心理素质等方面的培养，使他们更好地适应社会的需求和挑战。

（二）立足"外语+"理念，创新外语专业教学形式

为了培养外语复合型人才，学校教育体系需要构建科学的课程体系，同时创新教学模式。首先，课程设置应遵循"外语+专业"模式，将外语学习与专业技能相结合，以促进外语与专业的深度融合。其次，采取双学位、双专业等方式构建外语、专业和小语种协同育人模式，以满足不同行业对多语种人才的需求。再次，多样化的课程设置和教学形式有助于因材施教，提高教学质量与学生参与度。教育机构应根据学生的兴趣、能力和职业规划，灵活设计课程，提供个性化的学习路径。最后，学校应与企业密切合作，了解市场需求，调整课程设置，确保培养出的复合型人才符合时代发展和行业需求。

（三）多路径培养，增强学生竞争力

在外语复合型人才培养过程中，院校应该采取多种路径来强化学生的语言能力，使学生能够在对外传播中展现出高水平的语言应用能力。首先，可以发挥翻译优势，组织外语专业学生参加国际赛事、国际会议、外事交流等领域的多语种口、笔译服务。这种实践不仅能锻炼学生的翻译能力，还能提升跨文化沟通能力和应变能力。其次，创新教学方式，在内部，要引导学生深刻了解汉语的应用规范，提高他们的母语水平；在外部，要通过拓展海外实习基地和外语实践活动，使学生在具备卓越外语能力的基础上，丰富实践经验，拓展知识体系，增强就业竞争力，为今后的发展奠定坚实基础。再次，学校应该开展丰富多彩的传统文化活动，让学生在活动中践行责任担当，传承和发扬中华优秀传统文化。最后，重视实践教学。提升课堂讲授与实践教学的融合程度，学校要每年组织外语演讲、辩论、配音等竞赛，以赛促学，激发学生的学习兴趣，提高外语人才的语言能力。这样的实践教学活动可以让学生在竞争中不断提升自己，培养出更具实践能力的外语复合型人才。

（四）重视教师专业培训，加强师资队伍建设

"师者，所以传道受业解惑也。"优秀的教师队伍对于激励学生、提供专业指导至关重要，而教师的复合能力则是关键。为建立具备国际视野的外语师资队伍，可以采取相应措施。首先，通过专项资金引进具有海外留学经历的教师。这类教师在海外的学习和工作经历使其对于国际化教育有着更深刻的理解，能够为学生提供更广阔的视野和更丰富的学习资源。其次，鼓励教师接受继续教育。这样不仅可以使教师保持专业知识的更新和提升，还可以培养其对于不同文化和教学方法的敏感性，从而更好地适应多样化的教学环境。再次，考虑选派教师攻读其他学位，与国外大学联合开展培训。这样的举措有助于开阔教师的学术视野，培养其跨学科的能力，并且可以与国外学府分享资源和经验，进一步提升教学水平。最后，学校应当优化教师结构，鼓励教师之间进行合作与交流。不同专业的教师应当进行协同合作，共同提高外语复合型人才培养质量。通过团队合作，教师可以相互补充，共同探讨和解决教学中的问题，从而提高整体的教学质量。

第二节　国际传播视域下的外语教育体系构建

一、国际传播能力的内涵

国际传播能力是指在全球范围内与来自不同文化、语言、背景的个体进行有效沟通及互动所需的能力和素养。具备国际传播能力的外语专业人才不仅要有语言能力、跨文化交际能力、信息获取和处理能力等，还要有开阔的国际视野和良好的对外形象。

（一）良好的语言能力

一是口语能力，能流畅地表达自己的观点和意见，并能清晰地传达信息；二是听力理解能力，能准确地理解他人的意思，并能快速作出反应；三是写作表达能力，能用清晰、准确的语言写作，并能正确运用语法、标点和书写规范。

（二）跨文化交际能力

一是要有跨文化意识，了解和尊重不同文化的价值观、信仰、习俗与行为规范，并能够适应和接受这些差异；二是要具备跨文化沟通能力，能够在与来自不同文化背景的人交流时，倾听、理解、解读和回应其语言与非语言信息；三是要具备文化适应性和灵活性，能够灵活应对不同文化环境的变化和挑战，以适应不同的文化期望和习惯。

（三）信息获取和处理能力

在当今信息爆炸的时代，获取和处理信息的能力尤为重要。在跨国交流中，及时了解并处理信息可以帮助人们更好地开展工作和生活。具备国际传播能力的人才不仅能有效获取和处理信息，同时掌握媒体技巧，包括运用各种媒体平台进行传播，如电视、广播、互联网和社交媒体等，还需要具备有效的媒体管理和危机公关能力，以应对可能出现的负面信息和舆论危机。

（四）开阔的国际视野和良好的对外形象

具备国际传播能力的外语专业人才有着开阔的国际视野，对国际政治、经济和文化等领域的动态有深入的了解与分析能力；同时，关注全球热点问题，并能及时作出积极回应。具备国际传播能力的外语专业人才要有良好的形象塑造能力，能够在国际舞台上展现出积极向上、开放包容的对外形象。

二、国际传播能力培养的必要性

第一，培养国际传播能力可以帮助学生更好地适应国际化的就业环境。在当前全球化的背景下，许多企业和组织都需要具备跨文化交际能力的人才。掌握多种外语和跨文化交际技巧的人更容易融入国际团队，并与来自不同文化背景的人合作。

第二，培养国际传播能力有助于拓宽学生的国际视野和增强跨文化理解能力。通过学习外语和了解其他国家的文化、历史与传统，学生能够更好地认识和理解世界的多样性。这种跨文化的认知和理解能力有助于消除偏见和误解，促进国际的和谐与合作。

第三，培养国际传播能力还有助于提高学生的沟通能力和问题解决能力。在国际交流中，语言和文化差异会导致沟通障碍与冲突。通过培养国际传播能力，学生能够学会有效地表达自己的观点，倾听并理解他人的观点，以及在面对问题时寻求解决方案。这些能力在学生的个人发展和职业发展中都具有重要意义。

三、外语教育能力建设是提升国际传播能力的基本前提

就国际传播而言，外语至关重要，对此需要有以下认识：（1）外语能力必须纳入国际传播战略规划之中；（2）提升外语能力需要加强外语教育；（3）有效运用外语能够影响国际传播和思维模式，促进国际认知与友好态度的形成。若缺乏外语沟通能力，将严重限制我国的国际传播力、文化吸引力、形象亲和力、话语说服力及舆论引导力。只有具备良好的外语能力，我国才能更加稳妥地立足于国际舞台，发挥更大的影响力和号召力。

为了强化中国的外语教育能力建设，两项关键举措至关重要：

第一，构建"外语教育学"学科是必要的。这一学科以新时代外语教育中国化为总体指导思想，建立系统性的研究框架，即明确定义研究内涵和范畴，合理布局外语语种，并吸纳国外合理元素。更重要的是，这一学科要结合中国国情创新人才培养模式，构建自主研发的学科体系。这一过程能凸显我国外语教育研究的特色和原创性，为外语教育的持续进步打下坚实的基础。

第二，转变外语教师的思想观念至关重要。外语教师应摒弃单纯教外语的思维，不再局限于传授语言技能，而是树立起家国情怀，将自身角色定位为国际传播力的培养者。这需要他们充实外语知识结构，提升综合能力和教育水平。教师不仅为培养具有国际传播力的外语人才贡献了力量，还为世界外语教育理论与实践贡献了中国智慧。这种思想观念的转变可以促进外语教育的整体水平提升，也有助于我国外语教育在国际舞台上发挥更大的作用。

四、以动态的视角建构国际传播能力培养模式

有效的培养模式离不开对社会现实的考量。国际传播能力是交际各方在特定社会现实中对话共建的产物，对话能力处于中心地位。同一个社会现实可能有不同的话语建构，任何交际中成功或失败都是双方建构的结果。因此，培养国际传播能力的教学模式必须以现实主义视角探究话语建构中的动态关系，分析话语元素和非话语元素的复杂关系，帮助学生了解真实社会的复杂性和不稳定性；在国际传播能力培养过程中，不仅要考虑话语对交际互动产生的影响和效果，还要允许和接受交际挫折与失败，能慎思明辨、灵活变通。

（一）培养目标的动态设置

设置人才培养的目标与专业定位从长远来看是动态的过程，既要适应社会现实，也要引领社会发展，内涵是不断拓展和丰富的。在认知培养方面，既要涵盖中外文学、历史、社会、规约和当代中国理论等知识学习，又不能被这些知识或标准所束缚，避免偏见和刻板印象，突破文化定式，从文化中心主义向文化相对主义靠近。在能力培养方面，卓越语言能力是外语人才进行国际传播的优势所在，要具备地道、准确的外语写作、口头表达能力，既能翻译世界，也能展示中国。此外，高层次的语言能力离不开思辨能力和跨文化能力的培养。一方面，应培养开放包容的心态，愿意站在他者视角，充分给对方展示差异的空间，积极欣赏、理解和接受差异；另一方面，要具有同理心，学习用对方乐于接受的得体话语去寻求和谐，能通过对话缩小差异，扩大共有，实现交际目标。

（二）社会文化情境中任务的动态驱动

依据社会文化理论，语言使用是一种社会文化实践活动，语言学习要在社会文化环境中实践，而不是在孤独的环境中简单模仿和背诵。因此，在课程目标的引领下，培养国际传播能力以交际产出目标为导向，创设有利于国际对话沟通的真实情境和包容的学习氛围，在教学过程中创新和增加语言内容的输入模式，促成国际传播的基本知识和素养，创造更多的机会让学生去参与活动和完成任务，驱动和激发学生的学习热情，积极参与

语言输出实践。教师设法在恰当的时候发挥中介作用，通过适宜的沟通对话搭建"脚手架"，必要时重构概念，实现教师主导、师生共建的动态合作探究式的师生学习共同体，最终实现培养国际传播能力的目标。

（三）人工智能赋能下的动态教学

由于智能技术的赋能，新时代的教育和教师培养模式和教学过程会更加优化、合理与高效。技术赋能的教师既要适应角色转型，扮演学生、引领者、协作者、设计者、促学者、评价者、智能导师等丰富的角色；也要积极学习技术，利用人工智能赋能智慧教学，进行教学创新，利用人工智能提供高质量的真实语言输入，设计真实的社会文化环境，实现个性化、多元化教学；并能全程记录学习过程和任务完成情况，进行实时动态评价，解决传统教学中教师与学生互动不足、难以因材施教的问题，提高学习效率。

同时，学生也有更多的机会用外语进行交流对话，体验无缝联通学习空间、自然交互学习、群体互动生成性学习、个人自主适应性学习、小组合作研究性学习、班级差异化教学，增强学生学习意识和自主学习能力，获得美好的学习体验。

五、培养国际传播能力的方法和策略

当前外语教育存在诸多问题，阻碍了学生国际传播能力的培养，需要采取有效的措施提高学生的国际传播能力。

（一）强调文化意识和跨文化理解教育

在外语教学中，将跨文化交际能力作为核心目标之一，提高到与语言技能同等重要的地位。教师应明确传达给学生：跨文化交际能力不仅包括语言的正确运用，还需要了解和尊重其他文化的差异。教师可以引入丰富的文化素材，如音乐、电影、文学作品等，让学生在学习语言的同时了解其他文化；通过小组讨论或课堂讨论的形式，引导学生探讨不同文化之间的差异和相似之处；鼓励学生分享自己的看法，促进学生对不同文化的理解和尊重。

（二）优化教学内容和教学方法

在选择或设计教学内容时，应将跨文化交际的素材融入其中。设立专门的跨文化教育课程，让学生系统地学习和探索不同文化之间的差异与联系。这些课程可以包括文化研究、国际交流经验分享、跨文化沟通技巧等内容，帮助学生培养跨文化交际的意识和能力。多媒体教学可以为学生提供更多的跨文化交流案例，例如，截取影视作品片段并分析其中的文化内涵，激发学生学习兴趣，帮助他们更加深入地了解不同文化之间的差异，增强跨文化交际能力。

（三）加强跨文化交际技能培养

培养跨文化交际技能，可以采用模拟情境、文化差异课程和实践交流等方式。针对教师跨文化交际技能不足的问题，可以通过参加培训课程、研讨会和国际交流项目，增加自己对其他文化的理解和认知。同时，与其他学科的教师合作，共同开展跨文化课程或项目，促进学生的跨学科学习和综合能力发展。

（四）提供实践机会和体验活动

为学生提供实际的跨文化交流机会，如与外籍教师或学生交流、参加国际交流项目或组织文化活动等。通过国际交流项目、文化活动和志愿者活动，让学生与来自其他文化背景的人展开交流和合作。另外，出国交流是一种非常有效的培养国际传播能力的方法。通过出国交流，学生可以接触到不同的文化和思维方式，拓宽自己的视野，提升语言和文化素养，增强自信心和应变能力，从而提高自己的国际传播能力。

（五）完善国际传播能力评估体系

一是明确国际传播能力的核心要素和指标，制订具体的评估标准。这些标准可以包括语言表达能力、跨文化意识、跨文化交际能力、全球视野等。二是采取多元化的评估方法。除了传统的笔试和口试外，还可以引入项目报告、跨文化交流实践、文化摸底调查等形式，多角度评估学生的实际能力。三是将评估与实际情境相结合，通过模拟跨文化交际情境、案例分析等方式评估学生在真实情境下的国际传播能力。四是通过学生自评和同伴评估，学生可以加深对自身能力的认识，并从他人的反馈中获得更全面的评估信息。五是综合评估和反馈。评估结果应涵盖学生的优势和改进方向，要提供具体的建议和指导，帮助学生进一步提高国际传播能力。六是建立持续跟踪和评估机制，对学生的国际传播能力进行定期评估，及时发现学生的进步和不足，并及时调整教学方法和教学内容。

六、外语教育在国际传播能力建设和文明互鉴中的新责任与新担当

国际传播能力建设是增强世界文明互鉴的关键路径，达成世界文明互鉴才是加强国际传播能力建设的主要目的，其终极目标是构建人类命运共同体，促进不同文明之间兼收并容、相互交流、相互借鉴、共同精进。可以说，提升国际传播能力是切入点，助推世界文明互鉴是发力点，构建人类命运共同体是落脚点。

国际传播有别于国内传播，在许多情况下要使用受传国语言（外语）来传播中国声音、中国故事和中国成就。同样，推进文明互鉴也需要借力于外语。中国的历史、国情、民情等，都需要与各国人民开展广泛而深入的交流和沟通，许多美好的故事都需要借助外语走出国门。总之，外语是国际传播的纽带，是世界文明互鉴的桥梁。

外语教育应把握新发展阶段，贯彻新发展理念，构建新发展格局，推动国际传播能力建设和世界文明互鉴。外语教育需要以推动国际传播能力建设和世界文明互鉴为己任，推进理论创新和实践创新，强化理论建设和实践探索的自在性与自为性。

（一）国际传播能力的理论建设

理论建设主要涉及五个方面：（1）创新国际传播策略研究，识辨对外传播与对内传播的差异，关注受传国语言的研究和有效传播途径，丰富传播学的内涵和外延，充分认识到在国际传播中外语使用的有效与否是决定对外传播成败的关键之一；（2）强化语言比较和语言对比的理论研究，深刻认识语言本身就是文明的有机组成部分，世界文明具有多样性，必然存在语言的多样性，而要达成世界文明互鉴，语言的桥梁作用不可忽视，唯

有语言互通，民心才能相通，文明互鉴才能畅通；（3）构建能满足国际传播能力建设和世界文明互鉴需求并符合中国实际的自主外语教育理论，把研究做在中国大地上，力争为世界贡献中国外语教育智慧，打造具有中国特色的外语教育学科体系、学术体系和话语体系，彰显我国外语教育研究的特色性、主体性与原创性；（4）明确我国外语教育的研究内涵，找准外语教育的研究范畴，锁定外语教育研究的主要议题，保持外语教育研究各维度的相对独立和有机统一，构建外语教育学，总体布局，协调推进，与国家发展战略同向同行；（5）加强外语教育学与国际传播学的对接研究，培养既懂国际传播又能促进世界文明互鉴的外语复合型人才。

（二）国际传播能力的实践探索

实践探索主要涉及七个方面：（1）以外语为媒介，提升我国国际传播能力，助推世界文明互鉴，讲好中国故事，展现真实、立体、全面的中国形象，提高国家文化软实力；（2）坚定文化自信和外语学科自信，坚持用外语讲好并传播好中国故事，让中华文明融入世界文明，发出中华文明强音，为培养能提升国际传播能力和增强世界文明互鉴的外语人才奉献力量；（3）转变外语教师单纯为教而教的思路和观念，树立国之大者思维，增强国家意识；（4）创新外语教育实践体系，深度考察影响国际传播和文明互鉴效果的主要因素，包括外语媒质、语言障碍、信息失真、人为因素、国别特征等；（5）强化教师发展，建设既懂国际传播又懂文明互鉴的新型外语教师队伍，分语种、分层次进行规划设计，提升外语师资队伍的外语教育水平，增强我国的外语教育能力；（6）建设与国际传播力和文明互鉴相匹配的系列外语教材，融入跨文化对比、民族思维差异对比、语言对比、区域国别研究等内容；（7）加强课程模块化建设，优化课程体系，凸显国际传播、文明互鉴与外语教育的课程模块特色，促进外语学科在新时期的学科交叉性，谋划外语教育新发展格局。

总之，我国外语教育需要以新迎新、因时因势、以变应变、变中求变，践行新责任，展现新担当，用心、用情、用力地服务国际传播能力建设和世界文明互鉴。

第二章 跨文化意识培养

第一节 跨文化意识培养资源

文化意识是一种内在的能力和素质，被一些学者称为"文化的敏感性或洞察力"。在外语教学中，比较文化和跨文化交际是两个不同但相关的概念。前者旨在比较两种文化，挖掘其异同之处；后者在前者基础上，旨在培养学生理解文化如何影响不同背景下人们的交际过程。通过设计跨文化交际课程，可以科学地培养学生的跨文化交际能力。外语教学的核心任务不仅仅在于传授语言知识，更在于培养学生应用外语进行跨文化交际的能力。要提升跨文化交际能力，学生不仅需要掌握语音、词汇、语法等语言知识，还必须掌握语言使用规则，包括不同文化背景下的社交礼仪和语用规则。

一、教师

外语教师作为跨文化教育资源在教学中发挥着重要作用。对外语教师来说，具备跨文化教学意识至关重要。传统的语言教学已不能满足当代需求，外语教学需要向语言与文化的融合过渡，因为不同的文化背景会影响语言习惯。然而，目前外语课堂仍然偏重语言教学，而忽视了文化教学的重要性。因此，外语教师应该深入学习跨文化知识，并主动寻找和使用跨文化交际教材。只有这样，才能更好地满足学生的需求，培养他们的跨文化交际能力。

（一）外语文化素养

外语教师不仅仅要传授语言技能，更应成为文化的传播者与跨文化的桥梁。首先，他们需要不断加强自身的文化素养，包括通过拓展知识的深度和广度理解外语国家的社会文化背景。其次，在课堂教学中，外语教师应着重培养学生对中国文化的认识，让他们在教学中有意识地传达中国文化的精髓，并通过各种媒介和信息资源提升自身修养。再次，课外学习中，教师可以选择阅读与语言相关的经典名著和历史文献，从而提高自身的涵养、素质和思想境界。特别是多读文学名著，这是提高文化素养最有效和最直接的途径之一，有助于其夯实语言文字功底、提高写作能力和丰富文学修养。最后，外语教师可以利用各种英文报刊、网络信息等资源与平台，提升学生的阅读量和外语水平，增强对地域风俗文化的理解和认识。这种不断更新外语语言文化知识的做法有助于培养学生的跨文化沟通能力，使他们能更好地融入全球化时代的多元文化环境中。通过加强文化素养、丰富教学内容、课外学习，以及利用信息时代的资源，外语教师能更好地履行其教育使命，培养出具备全球视野和跨文化交流能力的优秀人才。

（二）汉语文化素养

作为外语教师，应当将汉语言文化学习视为与外语能力同等重要。这意味着外语教师不仅要教授语言技能，还要深入了解和传授中国的历史、文化、传统等方面的知识。深刻了解本民族历史和文化，需要从学习汉语开始。学习汉语本身就是对中国文化的了解与接触。通过学习汉语，外语教师不仅仅能掌握一门语言，更能了解其中的文化内涵，从而更好地传授给学生。

扎实的汉语基本功是理解和吸收中华优秀文化的必要条件。只有具备了扎实的语言基础，外语教师才能更深入地理解和传达中国的文化与价值观。没有对语言的深入了解和熟练掌握，就很难真正理解其中的文化内涵和特点。因此，建立在坚实语言基础上的文化学习，才能更深入、全面地进行。有了扎实的语言功底，外语教师才能欣赏汉语的魅力，提升人文知识和文学修养。语言是文化的载体，只有掌握了语言，才能更好地欣赏其背后的文学作品、艺术表达和思想观念。通过阅读经典文学作品、诗词歌赋等，外语教师不仅可以提升自己的文学修养，还可以将这些知识传授给学生，促进学生对中国文化的理解和欣赏。对外语教师来说，阅读不仅仅是自我提升的途径，更是传授知识、培养学生综合能力的重要手段。通过引导学生进行阅读，外语教师可以帮助他们更好地理解和感受中国文化的魅力，从而使他们的心灵更加丰富，思想更加成熟，价值观更加完善。

在外语教学中，教师的语言能力和文化素养与其专业水平及教学质量密切相关。要想成为一名合格的外语教师，需要不断提升专业素质和丰富语言知识，同时培养文化素养。在新时期的外语教育中，外语教师面临着更高的要求，他们需要在大纲、教材、教学内容和授课方法方面严格遵循规定。他们必须承担起传播中国文化的责任，这需要提升他们的综合业务水平，学习中西方文化的精华，并不断提高中国文化素养。

此外，外语教师的跨文化教学态度至关重要。他们需要帮助留学生正确认识汉文化，并对其采取积极的态度。通过耐心的教育和正确的引导，外语教师可以帮助学生解决文化冲击和适应问题。在这一过程中，教师需要意识到学生面临的困难，避免盲目地责怪学生，而应该采取积极的态度来处理问题。

二、学生

学生自觉的跨文化学习意愿和行动被视为跨文化教学有效性的重要衡量因素。因此，教师和外语教育者需要为学生提供合适的跨文化学习资源，激发他们的学习兴趣和热情。学生需要自觉提高外语学习中的跨文化学习积极性，并将所学内容落实到日常生活中。教师的目标是让学生能自主进行跨文化学习和跨文化自我教育。为了实现这一目标，教师可以介绍有用的学习资源，或提供自主学习的跨文化学习教材。通过这样的举措，教师可以激发学生的自主学习能力，使他们在跨文化学习中取得更大的进步，并且能将所学知识应用于实际生活中，从而更好地适应多元文化的社会环境。

（一）文化移情能力

文化移情能力是跨文化交际中至关重要的因素，对交际的质量、效果和进程产生直接影响。在全球化时代，人们在跨文化交际中频繁地面对不同文化背景的个体，文化移情能力的重要性更加凸显。充分认识文化移情能力的价值，并有意识地培养和提高它，对于跨文化交际的成功至关重要。然而，移情能力的培养并非一蹴而就，而是一个永无止境的过程，需要个体有勇气和能力去不断拓展自己的认知边界。

移情，以自我感受体验他人的感受，不仅仅是一种情感上的共鸣，更是一种文化上的适应。个体需要具备一定的知觉和交际技能，才能更好地实现移情。这就要求个体不仅要有足够的文化敏感性，还要具备良好的沟通和交际技巧，以便更好地在跨文化交际中驾驭自己的情感表达。

（二）跨越与超越

在教学设计中，跨文化交际的前提与目标至关重要。教师要引导学生认识到不同的文化之间存在着固定、硬性的界限，以及其中包含的知识、社会系统、生活方式和价值观念等方面的差异，这是"跨越"的前提。教学目标着重于介绍目的语文化知识信息，并通过渗透"A文化如何，B文化如何"的方式，引导学生理解不同文化之间的差异与联系。但不能受其约束，要以开放、弹性、灵活的方式进行跨文化互动。因此，"超越"成为跨文化交际能力培养的目标，其内涵甚至高于"跨越"本身。在实践中，生产型双语现象被视为积极的、理想的双语现象，是跨文化教学的理论依据之一。生产型双语现象意味着学生能够在跨文化交际中自如地运用目标语言，不仅仅是简单的语言替代，更是能准确、流畅地表达和理解。

第二节　跨文化意识培养途径

一、跨文化意识的认知培养

许多教师和学者认为，跨文化交际能力实际是指个人在目标语言的文化背景下，能够适当调整自己的母语习惯及对事物的惯常理解，以全新的角度来看待世界，从而形成一种新的认知模式。

跨文化教学中的认知培养同时也标志着新的教学理念、教学目标及教学原则的确定。

（一）树立正确的教学理念

当前，跨文化教学的相关理念在我国的外语教学研究领域仍然是一个前沿性的概念。国家教育行政部门对跨文化教学的解读和下发的相关政策对我国跨文化教学的发展有着直接的影响。

在教学实践中，教师需要根据不断变换的世界文化格局来更新原有的传统教育理念，坚持将语言教学与文化教学相结合，充分发挥母语文化在文化学习中的四个作用。除此之外，教师还要对外语教学中的文化教学理论框架进行进一步的探索，以求形成系统性的跨文化教学理论框架。

文化是随着社会的变化而不断变化发展的，过去发生的事情会对语言表达的意义产生影响。世界格局的转变带来的是社会、经济、政治的发展，世界各民族的生活方式等方面也在不断发生变化，因此外语教学不应单纯以教师为中心，机械地给学生灌输知识，而应以学生为教学主体，提高学生的自主学习能力，强调对学生文化敏感性的培养，进一步增强学生的主观能动性和文化意识，以此来处理文化差异。

（二）明确合理的教学目标

培养跨文化交际能力已成为新时期外语教学的目标之一。研究表明，规范、正确的语调、语音及语法并不能保证交际的有效进行。培养学生的跨文化交际能力是跨文化教学的主要目标，因此学生要对目的语的文化背景及词语蕴含的文化内涵有一定的了解，这样才能准确地掌握目的语的运用规律。

外语社会功能的进一步演变，顺应了世界政治、经济、文化的发展趋势，也体现了外语教学服务社会的需要。通过跨文化教学，学生不仅可以了解人们如何以跨文化的视角来观察世界，还可以用语言来反映社会的思想、习惯和行为，学习适当的语言和交流方式。

跨文化交际的成功，除了在于对目的语使用规律的熟练掌握外，还在于对外国文化的敏感性和包容性。学生通过直接学习、体验和参与培训课程，逐渐深化对隐藏的文化内涵的理解，提高对文化的敏感度，并在跨文化交际中灵活处理文化差异，从而有效地进行跨文化交际。因此，在跨文化教学中需要特别强调对学生吸收外国优秀文化和融合中外文化能力的培养。

（三）正确处理三种本土文化与外语文化的关系

1. 重视学生对母语的研究

学生应通过对母语的研究与学习，形成中华民族独有的思维方式，将本民族的文化继承并发扬光大。

2. 认识到"中国式外语"存在的客观性

语言在向外传播的过程中，会发展为多种不同类型的语言。就外语向中国传播而言，"中国式外语"的存在就是证明。"中国式外语"是指带有汉语词汇、语法、表达习惯的外语，是一种具有中国特色的语言。"中国式外语"在运用时也有其语言规律，因此应注意以下几点：（1）让外界接受"中国式外语"，也就是在坚持外语语言共同原则的情况下合理运用外语，使其能被外语国家的人们所接受；（2）用外语准确表达中国的传统文化，如中秋节、端午节等；（3）在交际过程中如果出现了文化冲突，应尽最大努力化解，从而达到跨文化交际的目的。

3. 正视文化差异

教师在外语课堂教学中可以适当利用母语，对目的语与母语之间的文化背景和语言形式的异同进行对比、分析，进一步深化学生对不同语言和文化的理解。因此，教师在外语教学中应充分利用母语的正迁移，帮助学生更好地掌握外语。

在经济全球化的时代，外语教学应尽力维持外语文化与中华优秀传统文化的平衡，吸收外来文化的同时也不能忽视本民族的优秀传统文化，而是要通过外语或"中国式外语"来宣传中华优秀传统文化。学生可以通过外语学习培养跨文化交际能力，最终在全球多元化社会中生存和发展。

4. 外语功用性与人文性的关系

语言作为一种交流工具，是人类文化的主要载体，是人类文明的集大成之体现。外语具有双重价值：一方面，外语是人们理解外部世界、与外界交流的工具，具有一定的实用价值；另一方面，外语是人们进行文化传承的一种方式与载体，具有一定的文化价值。语言映射文化背景，习得一种语言的过程同时也是了解、体会一种文化的过程。学生在语言学习中可以获取各种异质文化的人文知识和内涵，受到启发，逐渐实现心理积淀，提升人文修养。

教学结果的检测通常用考试和量化两种方式来完成，但其很难判断学生的人文素质。社会是一个融合政治、经济、文化等领域的复杂整体，外语的功能与社会的经济利益又紧密不可分。在经济全球化的格局中，多种异质文化相互融合、碰撞，中国与其他国家的交流是多元的、全方位的。因此，外语作为一种文化符号，在交流过程中至关重要。外语蕴藏着深厚的国家历史与文化传统，倘若忽视了特定的文化背景与国情，孤立地看待语言问题，则会使语言失去完整性。

在经济全球化和多元文化并存的时代，外语教学要注重对学生语言技能的培养，强调跨文化意识、跨文化敏感性及国际理解力的提升。学习外语的目的之一是了解异域社会和文化，了解不同国家、种族之间不同的文化传统，从而拓宽视野。因此，在外语教学过程中，应大力推动外语文学及文化课程的开设，逐渐培养学生的人文素质，使外语教学的功能价值与人文价值相统一。

5. 外语教学与文化教学的关系

当代的外语教学应考虑文化教学，主要原因有以下两种：其一，运用外语与人交际不仅要具备良好的语言技能，更要对目的语的文化习惯与思维方式进行理解。其二，现代教育的基本目标之一就是培养学生的跨文化理解能力。倘若学生在对目的语的文化背景一无所知的情况下学习语言，那么语言的学习则是为了学而学，学生并不能直接体会所学语言的深厚文化背景与文化内涵，学习过程中的一切努力只能是徒劳。每个民族的传统文化、生活方式、风俗习惯，甚至是各种已经固定的思维方式，都需要用语言来传承与发展。

一种民族语言背后蕴藏着深厚的民族文化，从某种意义上来说，语言是文化的一种符号，二者密切相关。从语言与文化的关系来看，语言承载着文化，是文化的一个分支，语言的学习对应的就是文化的学习，民族语言与民族文化是相互关联的。如果我们只关注语言的学习，而忽略了其背后蕴含的文化，那么语言的学习也只能停留在表面。

了解文化的前提是具备良好的语言基础。只有具备扎实的语言基础，才能进一步探究并理解语言背后蕴含的深厚文化内涵。多数学生对语言和文化的理解是相对一致的，认同二者之间存在密切联系，同时也意识到文化学习的重要性。

从外语教学的整体现状来看，语言与文化的互补关系是不平衡的。在语言教学实践中，教师过分注重语言的工具性，而忽视了语言无法独立于文化而存在的事实，在教学设计、教学计划及教学要求的规划中，人为地忽略了文化教学，并将语言与文化分割开来进行教学。长期以来，这种教学模式导致学生只注重语法、词汇和考试性练习，而段落理解能力与听、说、读、写的实践能力普遍较弱。由此可以看出，将文化教学合理地融入外语教学中迫在眉睫。

（1）语言教学和文化教学相辅相成

在进行语言教学的同时，教师还必须进行相应的文化教学，向学生表明语言和文化的获得过程是协调同步的。在外语学习的过程中往往会存在一个"自我边界"，而学生只有不断超越这个"自我边界"才能消除文化碰撞产生的障碍，这也是文化学习的目的所在。学生应不断扩大"自我边界"，以获得全新的"自我认同"。

（2）语言教学和文化教学相互依存

了解一种文化的前提是了解其语言，而要了解语言就要了解它依赖的文化。语言教学与文化教学分离，会导致整个教学过程枯燥乏味，学生逐渐对语言学习失去兴趣。在外语教学过程中，倘若没有文化知识的支撑，那么学生获取的只是语言基础，并没有掌握合理使用语言的技能，同时也没有达到提高跨文化交际能力的目的。从外语教学现行的培养机制来看，以语言教学为基础和前提的文化教学，可以提高学生的跨文化交际能力，推动语言教学，巩固语言基础，激发学生对语言知识的学习兴趣。

（3）语言教学和文化教学相互兼容

"语言与文化为一体"这一事实证明了语言教学与文化教学是相辅相成的。现代教育理论认为，外语教学需要将文化教学与语言教学进行有机结合，才能形成真正具有现代意义的教学。在教学实践中，语言与文化的紧密联系使我们不得不相信，无论采用哪一种语言教学方式，最终都将指向文化教学，而文化教学与语言教学的结合，能使学生在教学过程中真正获得跨文化交际能力，从而实现外语教学的最高目标。

（四）确立外语跨文化教学的原则

跨文化教学要培养学生识别和理解文化知识的能力，可以分为处理语言信息的能力和调节语言活动的能力。跨文化教学应遵循以下原则：

1. 以学生为中心原则

外语跨文化教学是一种以学生为主体的教学活动。教师根据学生的实际需要开展课堂教学、编写教材、设计教学模式等。虽然基础语言知识和技能的教学仍然是教学的主要组成部分，但教学过程应注重学生自主性的培养。

在课堂教学实践中，学生作为课堂教学的主体，与教师共同探究文化知识，并从中建构自己的语言知识体系。每个学生的认知方式不同，知识经验的意义建构也就存在差异。在教学的过程中，教师也要加强文化的渗透，让学生学会包容其他文化形式。

教师在进行课堂教学设计与教学活动的安排时，要注意种种客观或主观因素对学生可能造成的影响。在此过程中，教师不仅要关注具体的外语语言知识的学习，而且要对学生的经验及对本地语言、文化的理解情况有一定的了解，除此之外，还要注重培养学生对目标文化和其他文化的良好态度，提高他们的跨文化交际能力。

与传统的外语教学相比，跨文化外语教学的目标和内容无数次地扩展，这给当代外语教学者带来巨大的挑战。因此，教师在逐步提高自身综合素质的同时，也要切实加强对学生自主学习能力的培养。

2. 多层面合作原则

人类的智能可分为自我认知智能、人际智能、音乐智能、数学逻辑智能、语言智能、身体运动智能、空间智能及自然认知智能八种类型。教师在教学过程中应注重对学生能力的培养，根据学生具体的课堂表现，辅助学生合理运用智能机制，逐步优化智能机制的使用，以调整学生的学习态度，确保学习的有效性。

由此可见，多层面合作原则对于充分优化学生的智力是很重要的，涉及师生之间的问题和学生之间的合作学习。在跨文化教学的过程中，学生个体与其他群体进行的多元合作是保证外语教学有效性的必要条件。

3. 渐进性原则

在外语教学中，教师应密切关注各级文化内容之间的关系，注意知识的系统性和连贯性。教师应在对文化进行了解的同时，帮助学生全面、系统、有效地理解和掌握目的语文化知识。目的语文化知识有其自己的科学体系，因此教师在课堂教学的过程中应根据学生在不同阶段的认知特点和思维发展规律，来进行文化学习内容的安排。

跨文化教学是以学生为主体的教学过程，因而课堂教学的设置也应遵循学生的身心发展规律，按照正常的逻辑顺序来进行，从简单到复杂，从形象思维向逻辑思维、辩证思维过渡。

学生在语言学习的过程中，通过机械记忆及理解记忆等方式来习得新的语言知识。教师在安排文化教学内容时，应从简单的和特定的文化活动开始，最后构建一个具有全面文化内涵的语言学习模式，从而反映出文化知识本身的系统性和逻辑结构的清晰性。

4. 体验式与探索式相结合原则

讲座、讨论等教学方式的采用，提高了学生的认知和理解能力，有助于其学习和掌握语言文化知识，更好地分析和理解不同文化之间的差异。然而，这种教学方式也存在弊端，学生在很大程度上会处于被动状态，无法合理调整对异质文化的态度和行为。体验式和探索式教学法以学生为中心，创设近乎真实的跨文化交际场景，从认知、情感和行为等方面激发学生的学习兴趣，弥补了传统教学方法的不足。

教师应注重体验与探索的有机结合，使课堂教学活动多样化。语言和文化知识的教授首先应考虑到学生的认知接受能力，要遵循学生的认知规律。

5. 反思与比较原则

凸显民族文化是跨文化外语教学的一个显著特点，通过与其他异质文化进行比较来营造跨文化氛围。因此，学生将自身的文化背景与个人经历相结合来探索、学习外国语言和文化，这样可以激发学习积极性，从而更牢固地记住所学的文化知识，对语言有更透彻的理解。

　　跨文化交际要求学生对母语文化与其他文化之间的差异和冲突有一个清楚的认知及了解，并能够采取相应的措施来规避和化解这种文化冲突。

　　在学习外国文化的过程中，学生应建立并保持一种对民族文化的敏感度，能够明显区分知识文化和交际文化之间的差异。不同语言之间存在的差异不只存在于语言表面，还存在于更深层次的概念及更广泛的领域当中，如语言性能差异、非语言差异、语言形式差异及语言意义差异等。学生应不断反思和比较本民族文化与其他民族文化之间的异同，对本土文化了解透彻，并包容其他文化。

　　6. 因材施教原则

　　跨文化交际能力的培养需要从学生当前的文化背景出发，使其将自己的母语文化与目的语文化进行比较，以此增强跨文化意识。教师要充分尊重学生文化背景、个人经历、价值观的差异，在教学过程中逐步了解学生的特点及思维方式，选择和安排适合学生的教学模式，因材施教，不能忽视学习规律，以及否定和批判学生的思维方式。

二、跨文化意识的情感培养

　　为了实现有效的跨文化交际，教师在跨文化教学中就应注重学生对外国文化的兴趣的培养，使他们乐于了解外国文化，用包容和欣赏的态度来对待外国文化。

　　在跨文化交际教学中，学生不仅要理解目的语文化和母语文化，而且要学习如何表达这些文化，以便将文化知识内化，转化为自己的精神财富。

（一）增强文化意识

　　在外语教学中，文化教学应注重增强学生的文化意识。在"世界走向中国，中国也走向世界"的今天，我们应该学习和吸收外国先进技术与文化的精髓，把优秀的文化和科技成果介绍给全世界。然而，现实与美好的愿望之间存在着很大的差距。许多大学毕业生不了解外国的历史、文化和社会习俗，也不了解自己国家的传统文化和习俗，更别说用外语表达了。因此，应该学会用外语来表达中国传统文化中独特的现象和思想。教育部门和教师应注重引导学生在跨文化交际过程中正视中国文化的主体性，坚守文化道德底线，以消除"中国文化失语"现象。

文化教学的目的是使学生提高跨文化交际能力，通过跨文化对话习得外语知识和文化，实现本国文化和外国文化的交融。文化教学的目的既不是让学生吸收目的语文化，也不是简单地对两种文化进行积累，而是使母语文化和第二文化相互作用，让学生能充分而自如地进行文化交际。

将外国文化教学融入外语教学中，应遵循"双向文化知识"的原则。在既强调目的语文化又强调母语文化的教学环境中，中国文化与外国文化相互作用，既加深了学生对中国文化的理解，也加深了学生对外国文化的了解，培养和提高学生的跨文化交际能力。

（二）加强监督和引导

教育主管部门应与时俱进，时刻关注世界的发展方向，积极收集和掌握各种各样跨文化交际活动的详细信息，根据实际情况及时采取措施，并吸引来自各部门专家的关注和合作，推动跨文化交际的发展。

在外语教学的具体实施方法中，要在各种文件和大纲中记录用外语表达中国文化的重要性，在外语教学的不同层次中开展教学的监督和指导。各级部门要在外语教学中实现中国文化的教学，就需要各相关部门、各领域的专家学者和教学单位相互合作、相互沟通，有效地落实相关政策。

（三）积极开展跨文化交际活动

学校和教师应鼓励学生积极参与各种跨文化交际活动。例如，开设外教课堂和在课堂上创设具体的国外生活情境。外教课堂的设立有助于培养并提高学生的跨文化交际能力；创设国外生活情境可以很快将学生带入其中，激发学生参与教学活动的积极性，使其真实地体验跨文化交际活动，感受跨文化交际活动的深刻意义。

随着国际合作机会的增加，我国高校有机会举办各种国际比赛、国际会议等大型活动，而大型活动的频繁举办也为学生提供了难得的作为志愿者与国外友人进行跨文化交际的机会。学生具备扎实的语言文化基础与熟练的语言技能，积极参与跨文化交际活动，不仅可以了解中国文化知识，还可以有意识地培养对本民族文化的敏感度。

（四）发挥母语的正迁移作用

在汉语文化背景下成长的学生，在进行外语学习的过程中难免会出现汉语文化迁移的现象。因此，在外语教学中，不仅要强调技能的培养，还要注重学生对目的语文化知识和思维方式的学习。

文化迁移是指学生原有的知识结构对新知识学习产生影响的现象，对新知识学习产生积极影响的称为"正迁移"，对新知识学习产生消极影响的称为"负迁移"。在行为心理学理论中，外语学习中的障碍是引起学生产生母语习惯负迁移的主要原因。

文化迁移表现在跨文化交际与外语学习中，是指文化差异造成的文化干扰。应将文化迁移重视起来，加强学生的文化敏感性，逐渐消除文化迁移对跨文化交际带来的影响。

跨文化教学应尝试预测学习过程中可能出现的文化迁移，通过比较和分析不同的语言来减少文化负迁移对外语学习产生的影响，利用母语的正迁移来推动文化的正迁移，以此提高学生的跨文化交际能力。

（五）重视中国文化与外来文化

一种语言的背后蕴藏的是一个民族的文化，了解并熟知语言的文化背景知识是掌握语言的关键。在外语教学过程中，教师要特别强调中国文化元素与外语的重要性，增强学生的文化敏感性与适应性，运用汉语与外语之间的文化差异，培养正确的文化意识。

新时代教师不仅要向学生传授文化知识，依据学生的学习发展规律来设计和确定文化学习的内容，还要作为教学活动的引导者和组织者，发挥各方面的作用。

语言作为一种符号系统，会随着时空与社会需求的变化而形成不同的文化形态。在语言教学过程中，语言的文化功能可以从语音、词汇、语法和文本等具体层面来构建。学生可以通过各种不同的方式进行具体的语言实践，以此对外国文化有一个初步的了解。此外，还可以通过对语言结构与文化内涵二者之间异同的探索来逐步培养学生的跨文化意识和文化敏感性。

（六）提高文化素养和教学水平

外语教师在对中国文化知识的了解上存在严重的不足，这对他们的教学实践产生了很大程度的影响。教师在进行外语教学之前要对中外文化有一个深入的了解，这样才能在教学过程中为学生建立一个良好的文化价值观，培养学生用目的语表达本土文化的能力，有效提高学生的跨文化交际能力。教师不仅要具备以上特质，还要具备较高的文化修养和宏观意识，同时也要从微观角度来设计并探索具体的教学实践过程。

教师可以在具体的教学实践中比较两种不同的文化，并对二者进行分析，为学生举一些用外语表达中国文化的典型例句，以此平衡外国文化和本土文化的教学比例。同时，教师可以将一定数量的文化比较任务分配给学生小组，使其以合作学习的方式进行探索，使学生意识到自身的"文化缺陷"，相应地改善之前对文化差异的狭隘理解，掌握相关的知识结构和表达方法。

（七）培养文化意识

语言的词汇、语法、对话甚至认知模式等都蕴含着深厚的文化底蕴。教师在进行外语教学时，应注意每个教学阶段的阶段特征，系统性地比较和分析不同文化的异同，帮助学生有意识、有目的地了解外语的思维方式。

同时，教师可以结合影音视频进行教学，如观看外语电影等，让学生有身临其境的感觉，教师也应该指出视频中的文化习俗与其象征的文化意义。文化背景知识的教学能够激发学生对语言文化知识的学习兴趣，使其对该语言的文化背景有一个更深刻的理解，从而推动语言教学质量的提高。

除此之外，教师还可以鼓励学生在课后选择性地看一些原创电影和视频，并开展一些课外活动，有助于学生对外国文化习俗的理解，培养学生的跨文化意识。

（八）树立跨文化交际意识

文化认同是人在自然认知基础上的提升，是对文化内涵的认同和共识，对人的行为准则和价值取向有着决定性的影响。文化认同也因此成为指导跨文化交际活动的语用原则。

在母语文化环境中成长的人，在潜意识中接受母语文化的熏陶。文化教学是以加深学生对本民族文化的理解、避免学生产生民族中心主义为最终目的，并在此过程中帮助学生客观地理解自身文化的行为准则和价值取向，逐步培养学生灵活开放的思维方式的一种教学方式。大多数学生在外语学习的过程中，已经能够造出符合语法规则的句子，但在表达上仍有一定的疏漏，这是因为他们在造句时受到汉语语法的影响，忽略了外语语言中的文化因素。

人们在对自己文化及其依附的文化群体具有归属感的基础上获得了个体文化，这种文化能够被不断丰富和传承。文化认同包括对社会规范、习俗、语言、艺术等方面的认同。一方面，不同的民族不断地拓展和创新自己的文化；另一方面，人们也在与其他文化背景的人进行交流和互动。在此过程中，人们不断地对本土文化与外国文化之间的差异进行分析和比较，并对其有了深刻的理解。

日益增多的国际合作使国家和民族之间的关系更加密切。在跨文化交际中，人类要在异质文化中建立文化认同，以此避免文化差异导致的文化碰撞与冲突。跨文化交际的双方要以寻求共同话语为前提，暂时摒弃固有的思维模式和行为准则，以达到求同存异的目的。同时，要加强自身的文化意识，树立跨文化交际意识，增强对民族文化的认同感，确保自身文化的生存和发展。大多数学生能够理解不同文化之间的差异，愿意在两者之间寻求共同点，增强文化意识。

培养文化意识需要经历一个艰难的过程，首先要了解自己的文化，然后才能在多元文化世界中找到自己的定位，有意识地适应多元文化的存在，不断与各民族文化进行碰撞和交流，实现文化交流的长期和谐发展。

在外语教学中，教师应该有意识地比较中国和目的语国家的文化，让学生充分了解中国的优秀文化，激发学生的民族自豪感，指导学生用外语表达中国文化，促进中华优秀传统文化的传播。外语教学为学生提供了一个更广阔的世界，使他们看到了文化的丰富性与多样性。

第三章　跨文化交际中的语言交际
与非语言交际

第一节　语言要素与跨文化交际

语音、词汇与语法是语言的三要素。其中，语音对跨文化交际的影响不如另外两个要素直接和明显，词汇与跨文化交际的关系最为直接。

一、词汇与跨文化交际

词汇是语言的基本组成单位，既是符号，又是记录与反映世界的工具，体现着人类对世界的认知和理解。然而，由于自然、地理、历史、价值观等因素的不同，不同民族对世界的认知存在着差异，这种差异也在语言和词汇中得到显现。文化多样性导致相同概念在不同文化中可能被赋予不同的语义，使词汇系统无法完全准确地对应。

在跨文化交际中，理解词汇和语义差异尤为重要。一方面，不同文化中相同的词汇可能指代不同的概念，需要进行适当的解释和理解；另一方面，同一文化内的词汇可能因地域、社会地位等因素而产生差异，需要结合上下文来理解。词汇反映文化的方式也各不相同，有的词汇直接指代特有的事物或概念，如汉语中的"长城""空城计"，直接反映了中国历史文化的独特性；有的词汇通过多义项展示与文化相关的内涵，如"牛"既可以表示动物，也可以表示某人能力或行为的强大，同时承载了中国文化中对力量和耐力的赞美。

（一）与文化直接相关的词汇

词汇是语言的基本组成部分，可以分为基本词汇和一般词汇。基本词汇如"火""人"等，稳定存在于不同社会中，作为语言的基石，其意义普遍且通用。一般词汇更灵活，反映了不同社会文化的差异。其中，古语词如"鼎""阴阳""生肖"等，承载着历史和精神特征，反映了古代文化的独特魅力；方言词体现了地域特征，如四川话中的"瓜"、上海话中的"侬"，在不同地区具有不同的词义和用法；熟语作为一种固定化的词组，源远流长，反映了民族的物质、精神和心理文化，在日常交流中被广泛使用，成为人们交流的重要工具；成语则是长期习用的简洁精辟的词组，源自神话、寓言、历史和文学作品等，具有丰富的文化内涵，还可以表达深刻的思想和情感。

（二）词汇的语义

语义是指语言中词语的意义。语义的异同与文化密切相关，是跨文化交际中的重要问题之一。

1. 指示意义与隐含意义

词语在语言中至关重要，其含义可分为指示意义和隐含意义。指示意义是词语本身指出的明确意义，是最基本的含义；隐含意义则是词语背后隐含的意义，通常是在特定社会和语境中产生并表现出来的，体现了文化特质。举例来说，当提到"玫瑰"时，其指示意义是一种花，而其隐含意义可能是浪漫、爱情或者华丽，这取决于所处的文化和语境。

进一步地，不同文化之间的差异会导致相同词语的隐含意义产生差异。例如，汉语和德语中的某些词语在指示意义相同的情况下，可能具有完全不同的隐含意义。这是因为不同文化的历史、价值观和社会习惯的差异，塑造了人们对事物的不同理解和认知模式。在跨文化交流中，对词语的理解就需要同时考虑到其指示意义和隐含意义，以确保交流的准确性。

文化差异会直接影响到词语的隐含意义，因此在交流中需要特别注意词语的隐含意义。这意味着人们需要更多的跨文化意识和语言敏感度，以避免误解和沟通障碍。只有通过深入了解不同文化的语言和表达方式，才能更好地理解和尊重他人，从而实现交流的顺畅和准确。因此，对学生和跨文化交流者来说，他们不仅需要掌握词语的基本含义，还需要了解其背后的文化内涵，以实现真正的跨文化交流。

2. 跨文化交际中的语义差异

语义的差异，特别是隐含意义的差异，对跨文化交际有着至关重要的影响。两种语言的指示意义和隐含意义的异同有三种情况：

（1）指示意义相同，隐含意义不同或截然相反的词汇

在不同文化中，同一事物可能引起完全不同的联想。这种差异在词汇的意义上尤为显著，即使词语指示相同，其隐含意义也可能截然不同，因为词汇具有不同的文化内涵或文化意义。例如"乌鸦"一词，在不同民族语言中具有截然不同的隐含意义。在汉语中，乌鸦代表不吉利，如"乌鸦嘴"指说不吉利的话。然而，在其他文化中，如日本和缅甸，乌鸦却代表吉利，受人喜爱和尊敬。在日本，乌鸦被视为至高无上的神鸟，代表孝心；在缅甸，许多商店的店名都是"金乌鸦"。在跨文化交际中，隐含意义有差异的词汇比较常见。

（2）指示意义相同，隐含意义部分相同的词汇

不同文化中的词语常常承载着共同的联想，但也存在着不同的联想，这种现象反映了文化之间的共性与个性差异。以"玫瑰"为例，无论是在中国文化还是西方文化中，都象征着美丽和爱情。然而，在西方文化中，"玫瑰"又具有"秘密地""私下地"的含义。这一含义源自古罗马的一个传说。这种差异源于不同文化背景下对词语的理解和赋予的含义多样性。通过比较不同文化中的词语联想，可以发现这种共性和差异。这不仅丰富了语言的含义和表达方式，还反映了文化之间的相互影响和独特性。

（3）指示意义相同，在一种语言中有丰富的隐含意义，在另一种语言中却没有的词汇

普通词汇在不同语言中的联想意义受民族文化影响较大。在东方文化中，以龟为例，具有多种象征意义，如长寿、吉祥、显贵等。但同时，中国文化中的龟也含有贬义，常用来指代被背叛的男人。相比之下，外语中乌龟通常缺乏特定的象征意义。另外，颜色在不同文化中也承载着截然不同的含义。例如，蓝色在中国文化中并无特殊含义，但在外语中有着丰富的象征意义，可指忧伤、沮丧等情绪。在英语中，许多固定用语以"blue"为基础，如"blue stocking"指女学者，"blue moon"指长时间，"blue in the face with cold"指冻得发紫等。这些用法展现了蓝色在英语中的多样性。因此，语言中的词汇和表达方式不仅受到民族文化的影响，还受到历史和社会背景的塑造。

二、语法与跨文化交际

语法是一种句子组织的规则，不同语言拥有各自独特的语法系统。这种差异并非偶然，而是反映了不同社会文化的深层次差异。全球存在数千种语言，根据不同的标准可被分为不同类型。按照起源和谱系，语言通常分为汉藏语系、印欧语系、阿尔泰语系、闪含语系、乌拉尔语系等九大语系。此外，根据构词方式的不同，语言又可分为孤立语、黏着语、屈折语和多式综合语四种类型。这些分类不仅仅反映了语言结构上的差异，更深层次地揭示了各民族文化起源、思维方式和认知方式的多样性。

（一）跨文化交际中语法类型的差异

汉语作为汉藏语系的语言，具有独特性。在构词方式上，汉语采用了孤立语的形式，词素大多数是单音节的，使汉语词汇简洁明了；汉语的词汇缺乏严格的形态变化，不像印欧语系那样常见于动词、名词、形容词等词类，这种简洁的形态变化使汉语的学习相对较为简单；在语法方面，汉语主要依赖虚词和语序来表达意思，这两者是主要的语法手段，而句法特点则体现在词组构造与句子构造一致，词类和句子成分不对应，这种特点在汉语中很常见。

相比之下，印欧语系具有不同的语言特征。在构词方式上，印欧语系属于屈折语，有多种表示各种语法意义的词缀，使词汇变化更加丰富多样；动词、名词、形容词等常常有词缀变化表示特定的语法意义，这种形态变化的丰富性使印欧语系的词汇更具表现力；在句法方面，印欧语系的句子成分和词类对应，句法结构完备，形式化程度高，使表达更加准确和严谨。

由此可见，汉语和印欧语系的差异主要体现在三个方面：第一，在构词方式方面，汉语重视意合、内容，而印欧语系更注重形式，形式化程度较高。第二，在句法结构方面，汉语不注重形式，句法结构不完备；而印欧语系的句法结构则相对完备。第三，在语法方面，汉语被认为是一种"人治"的语言，主观性强；而印欧语系则更倾向于"法治"，客观性更强。这种区别反映了两种语言在思维方式和文化背景上的差异，也影响着人们的交流方式和思维习惯。

（二）跨文化交际中的认知与语序差异

不同语言的思维方式在认知上存在着差异，其中，语言的线性特征导致时间相似性的存在。这种差异体现在不同语言的句法结构及对时间顺序的表达上。语言成分的次序与物理世界的次序或人们对事物的认识次序相互平行，这表现为时间顺序原则、时间范围原则和时空范围原则。

1. 时间顺序原则

在没有时间词或时间状语的并列复合句中，时间顺序原则发挥着关键作用。这一原则指出，"两个句法单位的相对次序决定于它们所表示的概念领域里的状态的时间顺序"。比如，当说"我回家拿钥匙"时，语言成分的次序与事件的顺序一致，先回家再拿钥匙。时间顺序原则在许多语言中普遍适用，外语中的翻译也遵循了相同的语序。

2. 时间范围原则

当句子中有时间词或时间状语时，不同语言的语序便不尽相同。在汉语中，起作用的是时间范围原则，即"如果句法单位X表示的概念状态在句法单位Y表示的概念状态的时间范围之内，那么语序是YX"。这意味着，时距小的成分应排在时距大的成分之后。比如，"昨天他去北京了"中，"他去北京了"这一状态在"昨天"的范围之内，因此主要动词"去"放在时间词之后。然而，在外语中，时间词放在主要动词的前后都是可以的，比如，"He went to Beijing yesterday"和"Yesterday he went to Beijing"都是正确的。

3. 时空范围原则

在汉语中，时间范围原则不仅限于时间的表达，还可以在空间方面得到体现。一般而言，大范围成分总是先于小范围成分呈现。时间范围原则在语言表达中具有重要意义。例如，在汉语地址的书写中，地址的顺序是由大到小排列的，如"中国四川省成都市一环路南一段24号"，大范围的地域信息先于小范围的详细地址信息呈现。与之相反，在英文地址中，小范围成分常常位于大范围成分之前，例如，"No.24 South Section 1，Yihuan Road，Chengdu City，Sichuan Province，China"。这种语言表达的差异反映了时空范围原则体现的认知策略。汉语母语者习惯从整体到局部，采用"移动自我"的认知策略，先经历整体再经历局部。相比之下，外语母语者更倾向于从局部到整体，采用"移动客体"的认知策略，先经历局部再经历整体。这种差异不仅仅是语言结构的问题，更反映了文化与认知策略之间的紧密联系。汉英认知策略的不同反映了不同文化背景下的思维方式和价值取向。

第二节　语用与跨文化交际

学会一种语言的语音、词汇、语法并不能确保有效交流。要得体地交际，还需了解并遵循特定社会或群体的语用规则。语音、词汇、语法构成语言的静态层面，提供了语言的基础结构；语用规则是其动态层面，反映了在特定社会规范下人们使用语言的方式，实现了语言的实际运用。通过理解和遵守语用规则，一个人才能在特定环境中准确、恰当地表达自己，并与他人有效地交流。

一、跨文化交际中语言使用的文化差异

在不同文化之间的交往中，人们往往缺乏彼此对文化价值、社会规范和语用规则的认识。这就造成了一个问题，即人们倾向于以本文化的准则和社会规范作为理解他人行为的标准，进而导致交际失败。语用失误或语用失败通常是语用规则迁移造成的。语用迁移是指不同文化的人们在交际时，直接将自己语言的话语翻译成目标语，而不考虑目标语的交际规范。其结果是，能在母语中达到交际效果的话语在目标语中无法达到预

期效果。在交际中，语用错误比语法错误更严重，"语法错误可能使人不愉快，或影响交际，但至少在规则上，它们是一清二楚的，听话人会感觉到它的存在，而且一旦意识到说话人的语法能力较弱，对其是容忍的。然而，语用失误则不然，如果一个非本族语者说话流利，那么对方不会把明显的不礼貌或不友好的行为归结为语言缺陷，而会认为是粗鲁和恶意的自然流露。语法错误可能显示出说话人还未掌握特定的语言能力，而语用错误则可能反映出说话人的人格有毛病"。

在中国，传统的问候语常常是："你吃了吗？"这句话在西方文化中直译可能会被误解为邀请共进晚餐。当中国人会客时，主人通常会谦虚地表示菜不多或者菜做得不好，而客人则会以相反的方式回应。这种互相谦让和称赞的交流方式在中国是非常常见的。然而，对于不了解中国文化的西方人来说，这种自谦可能会让他们感到困惑，不知道如何应对。

在跨文化交际中，谈话内容和话题的适用性也是一个重要考虑因素。因为在不同的文化背景下，一些话题可能是公开讨论的，而在另一些文化中则需要避免提及。这种差异可以通过合作原则、礼貌原则和言语行为理论进行分析。西方人倾向于直接表达自己的意见和看法，而中国人则更倾向于间接表达，使用暗示或者比喻。因此，在交流中可能会出现误解或者误读。

此外，文化差异也体现在对待赞美和自谦的态度上。中国人常常会自谦，并对别人表示赞美；在西方文化中，直接接受赞美是一种常见的做法。

二、会话合作原则

（一）合作原则的基本内容

会话受规范或条件制约，人们在会话时之所以不是以一串互不连贯的语句组成的，是因为交谈双方都遵循合作原则，相互配合。合作原则包含以下几个准则：

1. 量准则

量准则要求提供的信息不应超出需要的信息量。

2. 质准则

质准则要求提供真实的信息，不要提供虚假的信息。

3. 切题准则

切题准则要求提供的信息与话题相关。

4. 方式准则

方式准则要求提供的信息要清晰、明了、简洁。

这些准则的重要程度不一样，其中，"质"的准则最重要，是第一位的。同时，这些准则使谈话双方具备使用"会话蕴含"的能力来解释对方的话语内容，以达到对暗示意义的理解。

（二）合作原则的跨文化差异

一般认为，合作原则是建立在西方文化上的，其假设人们在交流中会互相支持、分享信息。然而，这一原则并不适用于所有文化背景，尤其是在跨文化交际中，因为有些文化可能更强调个人主义、礼貌或者其他价值。因此，用西方的合作原则衡量其他文化的言语行为时，会发现存在差异。

1. 量准则的差异

在对非洲马达加斯加人的谈话进行研究时，发现了几个关键点。首先，他们的交谈并不遵守量准则，这导致信息量不足。其次，他们提供的信息往往不足以满足对话方的需求，且经常有意隐藏交谈信息。具体而言，在示例的对话中，表现出信息量不足的情况，马达加斯加人对信息的提供存在一定程度的保留。这种行为在该文化背景下被视为可接受的。此外，可能存在着不同文化背景下对量准则的理解和遵守程度不同的情况。因此，马达加斯加人的谈话模式反映了一种特定的文化特征。其中，隐藏信息被视为一种合理的行为方式。这种行为可能受到文化传统、社会期望和人际关系等因素的影响，导致他们在交流中更倾向于保留信息。

2. 质准则的差异

在跨文化交际中，不同社会的交谈者按照各自的质准则进行互动，进而可能会引发冲突。举例来说，在东方文化中，人们常在公众场合运用诸如

"抛砖引玉"或"不成熟"等语句来表达一种谦逊的态度，并普遍认可这种与质准则相违背的表达方式，将其视作一种美德。相较之下，西方文化更加注重直接提供真实信息。比如，当欧美人夸奖中国人时，后者常常回应以谦虚的态度，这时欧美人就很有可能感到莫名其妙或不知如何应答，进而导致双方交际失败。这种差异不仅体现在表达方式上，还影响了双方共同遵守会话合作原则。因此，要在跨文化交流中取得良好的沟通效果，必须理解并尊重对方的文化背景和交际习惯，以建立相互尊重与理解的关系。

3. 关联准则的差异

根据关联准则，在言语交谈中，问句通常会引出答句，而任何形式的答句都可被视为一种答句。然而，海姆斯（Hymes）的研究发现，印第安人的对话中问句和答句似乎关联性较弱，在他们的社会中，回答并非强制性的，因为未经深思熟虑的回答会被视为草率。这种现象说明了不同社会文化背景下，人们对待言语交流的态度和习惯的差异性。

三、礼貌原则

合作原则与语句意义的关系在于，合作原则有助于阐明语句的意义与作用，但无法解释人们为何常常选择间接表达意思。礼貌原则为合作原则提供了补充，可以解决语言交际中的语用和社交问题。

（一）礼貌原则的基本内容

利奇（Leech）按照格赖斯制定合作原则的方式为礼貌原则制定了六条准则：

1. 得体准则

得体准则是指减少表达有损于他人的观点，即尽量少让别人吃亏和尽量多使别人受益。

2. 慷慨准则

慷慨准则是指减少表达利己的观点，即尽量少使自己受益和尽量多让自己吃亏。

3. 赞誉准则

赞誉准则是指减少对他人的贬损，即尽量少贬低别人和尽量多赞誉别人。

4. 谦逊准则

谦逊准则是指减少对自己的表扬，即尽量少赞誉自己。

5. 一致准则

一致准则是指减少自己与别人在观点上的不一致，即尽量减少双方的分歧和尽量增加双方的一致。

6. 同情准则

同情准则是指减少自己与他人在感情上的对立，即尽量减少双方的反感和尽量增加双方的同情。

在礼貌交往中，人们会采用积极礼貌和消极礼貌，以及积极面子和消极面子。积极礼貌和积极面子的表现是对他人表示肯定，是社交中普遍遵循的原则，强调共享和共识。与之相反，消极礼貌和消极面子意味着避免施加行为，强调个人权利不受群体或价值观束缚。这些原则不仅指导人们在日常交际中的表达方式，还塑造了他们对他人和自身的认知与评价。因此，礼貌原则在语言交际中不可或缺，为人们之间的有效沟通和社交互动提供了重要的指导与框架。

（二）礼貌原则的跨文化差异

礼貌作为一种普遍现象存在于社会群体中。然而，不同群体对礼貌的理解和实践存在差异。这种差异体现在礼貌的内涵、准则的侧重或选择，以及言语行为的表现上。

1. 礼貌内涵的跨文化差异

在不同的社会中，礼貌的含义常常呈现出差异，尤其在中国社会，礼仪被赋予了极高的地位。中国的礼仪规范不仅是一种行为准则，更是维系社会秩序和人际关系的基石。然而，西方的礼貌原则并不适用于其他文化。即使在西方文化内部，也存在不同的礼貌观念，这一点在希腊与英国的文化中尤为明显。希腊文化倾向于表现出积极的礼貌，强调个体与群体内部的关系；而英国文化则强调个人的独立性。这种差异反映了两种文化对待人际关系和社会结构的不同看法。在希腊，人们通常会更加注重与他人的互动，倾向于通过积极的言行表达尊重和友好；在英国，尽管也会遵循礼貌规范，但更多地强调个人的私人空间和自主权。因此，了解不同文化背景下的礼貌观念对于跨文化交流至关重要，有助于建立互信和尊重，避免误解引发的冲突，促进文化间的和谐共存。

2. 礼貌准则侧重方面的跨文化差异

不同社会对礼貌准则的重视和选择存在明显的差异，东方和西方有着截然不同的取向。在东方，人们更加注重谦逊准则，而西方人则更偏重得体准则。在西方社会，人们更倾向于以得体准则为交际的基础。这是因为西方社会的核心是个人主义，个体在行为上必须尊重他人，以免侵犯其个人主义。因此，人们在实施指示性行为时，必须遵循得体准则，以确保不会侵犯他人的尊严或自由。某些在西方社会可能被视为对他人消极面子的威胁行为，在东方社会中可能并不具有同样的威胁性。这种差异反映了不同文化背景下对于个人与社会之间关系的理解和强调。在东方文化中，谦逊和尊重是社交互动的基石；在西方文化中，个人的自由和尊严被视为不可侵犯的核心价值，因此得体的行为被视为维护这些价值的关键。这些差异在跨文化交流和理解中必须得到充分认识与尊重，以避免误解和冲突的发生。

3. 礼貌言语行为分布的差异

在不同文化背景下，礼貌言语行为常常呈现出显著的差异，这一点在人们的称呼方式方面体现得尤为明显。在中国社会中，称呼不仅是一种礼貌的表达，更是社会地位和亲疏关系的一种显现。在称呼方面，中国人习惯于使用头衔、敬词及亲属关系名词，这些称呼不只是简单的称呼，更是对社会地位和关系的一种尊重与体现。在西方社会中，尤其是美国，人们更倾向于使用对等的称呼方式，通常直呼对方的名字。跨文化交流中的称呼方式既是语言交流的一部分，也是对文化背景和社会地位的一种直观体现，正确使用适当的称呼方式有助于促进文化间的理解和交流。

四、言语行为与跨文化交际

言语行为作为交际过程的基本单位，承载着问候、拒绝等日常交往中的各种功能。奥斯汀和塞尔的言语行为理论深入探讨了语言与交际的联系。不同社会的人们受到文化、历史和社会背景的影响，在言语行为策略上存在差异。

（一）言语行为理论的基本内容

奥斯汀的三分法提出，人在说话的时候，大多数情况下同时实施了三种类型的行为，即言内行为、言外行为、言后行为。

1. 言内行为

言内行为是指"说话"这一行为本身，发出音节，说出单词、短语和句子，通过言语直接表达字面意义，即以言指事。

2. 言外行为

言外行为是指通过说话这一动作实施的行为来表达说话人的意图。人们通过说话可以做许多事情，达到各种目的，如传递信息、发出命令、威胁恫吓等，即以言行事。

塞尔将言外行为分为五大类：阐述、指令、承诺、表达和宣告。这些类别涵盖了人们在语言交际中常见的目的和意图，如陈述事实或观点，提出命令或请求，表示承担责任或义务，表达情感、感觉或态度，以及宣布某种决定或意图。

（1）阐述类

阐述类是指说话人对某事做出一定程度的表达，对话语表达的命题内容做出真假判断。外语这类动词有assert、state、claim、affirm、deny、inform、notify、remind等。

（2）指令类

指令类是指说话人不同程度地指示听话人做某事，让其做出某种行动。外语这类动词有request、ask、urge、demand、command、order、advise、beg、invite等。

（3）承诺类

承诺类是指说话人对未来行为做出不同程度的承诺，说话人即将做出某一行动。外语这类动词有promise、commit、pledge、vow、offer、refuse、guarantee、threaten、undertake等。

（4）表达类

表达类是指说话人在表达话语命题内容的同时，表达某种心理状态。外语这类动词有apologize、condole、thank、welcome、congratulate、deplore等。

（5）宣告类

宣告类是指通过话语使表达的命题内容与客观现实一致。外语这类动词有declare、nominate、appoint、name、christen、bless、resign等。

3. 言后行为

言后行为是指说话带来的影响或结果，通过言语活动使听话人实现某种行为或结果。

通常，言内行为和言外行为会同时发生，而言后行为不一定发生。若听话人未能领会说话人的意图或产生其他结果，则可能不会出现言后行为，这可能导致交际障碍或失败。言外行为是语言交际的核心问题，反映了说话人使用语言表达自己的意图。

在言语交流中，虽然动词通常被视为实施行为的工具，但实际情境受到多种因素的影响。权力关系、社会距离和需求程度等因素影响着说话者的表达方式，导致人们采用"转弯抹角"的方式达到言语目的。例如，指令类言后行为往往通过间接方式实现，如通过询问行为达到目的。因此，语言表达常常具有间接性，说话者通过一种言语行为间接实现另一种言语行为，这种现象在各种社交情境中都普遍存在。

（二）言语行为的跨文化差异

在交际中，由于文化的差异，不同社会的人们采用不同的方式实施言语行为。下面以请求和恭维两种言语行为说明不同文化之间的差异。

1. 请求

英美文化中请求行为可以分为六类：

（1）需求陈述

需求陈述常用于工作中上司对下属、家庭中长者对年轻者。

（2）祈使

祈使常用于家庭成员，地位较高者对地位较低者，或平等关系的人之间。

（3）内嵌式祈使

内嵌式祈使常用于被请求的事或行为极困难或请求者是受惠者时。

（4）允许式请求

允许式请求常用于工作或家庭环境中地位较低者向地位较高者请求时。

（5）非明晰或问句式请求

非明晰或问句式请求常用于地位或年龄悬殊时地位或年龄低的一方。

（6）暗示式请求

暗示式请求常用于交际双方关系密切、共享最充分的情况。

英美人与以色列人的请求方式呈现出直接和间接的差异。在英美文化中，祈使语和暗示语分别代表了这两个极端。以色列人则更倾向于直接表达请求。英国人和美国人更习惯使用间接的言语行为，这与其他社会相比显得更突出。而中国人的请求行为则被认为既过于直接又过于间接。在中国，地位较低者向地位较高者请求时，通常采用暗示的方式，这显得过于间接。然而，地位较高者要求地位较低者做事时，则可以直接发出指令。这种文化差异在交流中会带来一定的挑战，需要双方理解和尊重对方的文化习惯，以确保有效的沟通和合作。

2. 恭维

在恭维语的使用上，汉语和外语存在显著的差异，主要表现在句法结构、恭维话题和回应方式。在句法结构方面，虽然外语和汉语都高度程式化，但各有特殊之处。以外语为例，常见的"I like/love……"句式在中国文化中失去了恭维效果。相比之下，汉语中常见的形容词需要与副词连用，才能更好地表达恭维意味。

就回应方式而言，美国人更倾向于同意恭维，而中国人则更倾向于不同意，或者采取更含蓄的表达方式。

在跨文化交际中，个体应该了解双方的文化差异，并且遵守适当的语用规则，以确保有效的交流。对于汉语和外语之间的恭维语使用差异，了解与尊重对方的文化背景和习惯至关重要。通过适当的语言和行为，可以减少文化差异带来的误解和冲突，从而促进跨文化交流的顺利进行。

第三节　非语言交际与跨文化非语言交际

一、非语言交际

（一）非语言交际的特点

非语言行为的形成方式包括先天形成和后天习得，这两种方式共同塑造了个体的行为特征。在意识状态方面，非语言行为既可以是有意识地表现，也可以是无意识地流露。其表达功能不仅限于表达个人情感，还用于传达具体信息。此外，非语言行为存在显著的文化差异，有一些行为在世界范围内通用，而另一些行为则因文化背景的不同而有所差异。

1. 隐蔽性

非语言行为的习得早于语言表达，从出生到牙牙学语，婴儿首先通过非语言行为进行交流。这些行为通常是潜意识的表现，如脸红、咬牙切齿或口吃等，具有自发性且难以控制。非语言行为常伴随语言发出，且往往非常细微，难以察觉。在国际汉语教育中，教师和学生普遍重视书面语和口语表达，忽视了非语言交际的重要性。实际上，非语言行为在教学中至关重要。例如，在汉语声调教学中，教师通过手势等身势语辅助教学，能显著提高学生的发音准确性。因此，重视并有效利用非语言行为不仅能增强教学效果，还能促进学生对语言的全面理解与掌握。

2. 真实性

语言分为口语和书面语，这两种形式各有独特的特点和用途。辞藻修饰虽然能使语言更具表现力和美感，但也可能使理解深层含义变得困难，增加信息传递的复杂性。相比之下，非语言交际的重要性愈加凸显。亲眼所见，往往比任何语言描述都更能反映其真实状态。语言交际虽然是信息传递的重要方式，但由于经过思维加工，往往会留下想象空间，使信息的准确性受到限制。面对面交流具有明显的优势，通过观察对方的非语言行为，如面部表情、肢体动作等，可以获得更准确的信息，减少误解的可能性。此外，测谎技术的应用也展示了非语言信号的重要性。通过监测心跳、呼吸、体温和瞳孔大小等生理指标，测谎仪器可以帮助判断一个人是否在说谎，从而揭示言语背后的真相。

3. 多维性

非语言交际在实际应用中高度依赖语境，必须在特定语境中才能明确表达其意义，离开了语境，这些行为的意义会变得模糊，难以被准确理解，从而影响有效的交际。非语言交际的形式多种多样，包括表情、手势、身势、服饰、时间、场景、语速、语调、颜色、气味、化妆等。值得注意的是，这些非语言行为可以是有意为之，也可能是无意识地表达。在实际生活中，不同语境下的非语言行为呈现出显著差异。例如，在商务谈判中，正装和严肃的表情通常表示正式与专业的态度；在休假时，宽大的T恤和轻松的神情则表明休闲与放松的状态。

非语言交际在特定语境中对语言交际起到重要的辅助作用。非语言交际不仅补充了语言表达的不足，还通过丰富的表现手段增强了信息传递的效果。此外，非语言行为也是不同文化习得的产物，反映了人类文明发展中的礼俗规范，不同文化背景下的非语言行为可能存在显著差异。非语言交际作为多学科研究的对象，与语言学、心理学和人类学等学科有着密切联系。这些学科的交叉研究进一步深化了对非语言交际的理解和应用，揭示了其在社会交往中不可或缺的作用。

（二）非语言交际的功能

在交际中，非语言行为与语言行为相辅相成，二者紧密合作以传达准确信息。孤立的语言行为难以完整表达思想，因为非语言行为的缺失会导致信息模糊。理解非语言行为的含义必须依赖于特定的语境，只有当它与语言行为或其他非语言行为相配合时，才能提供明确的信息。非语言交际并非孤立存在，而是与言语信息、交流的语境及接收者的关注点相互交织的。

非语言交际在语言交际中至关重要，包括以下几个方面：

1. 重复

非语言行为可以重复或强化语言信息。例如，一个人在说"是"的同时点头，这样的行为就强调了同意的态度。类似地，手势也可以用来指示方向，如指向某个地方或者用手势表示"过来"。这种重复指示作用有助于确保信息的准确传达，并且增强了交流的清晰度和效果。

2. 否定

有时非语言行为与语言信息相反，起到强化对立的效果。比如，当面带微笑却传递负面消息时，就可能被理解为在开玩笑或者掩饰情感。这种否定作用使交流更加丰富，增加了信息的层次和多样性。

3. 代替

非语言行为可以用来传达心照不宣的信息。通过特定的行为，人们可以传递出更深层次的感情或意图，而无须明确表达。例如，一个拥抱可能代表着深深的感动；一个交通警示手势则可以替代语言指示，传达出"停下来"或"慢下来"的意思。这种心照不宣的传递方式常常更具感染力，能够拉近人与人之间的距离。

4. 补充

非语言行为还能修饰和描述语言表达。通过特定的姿势或动作，人们可以为语言信息增添更多的情感色彩或者语境信息。例如，摇头和交叉手臂通常表示拒绝或者不同意，这样的行为就在修饰着语言表达的含义，使其更加具体和清晰。

5. 强调

非语言行为可以用来强化语言态度。通过肢体动作、面部表情等，人们可以更加生动地表达自己的情感和态度。例如，当一个人握紧拳头时表示加油或者鼓励，而生气时流露的激动表情则会加强语言传达的愤怒或不满。

6. 调控

非语言行为还可以调控交流的状况。通过眼神交流、手势示意、停顿等方式，人们可以控制交流的节奏和方向。例如，眼神示意讲话顺序或结束，沉默给对方发言的机会，手指在嘴边表示安静等，都是在调控交流状况，使交流更加顺畅和高效。

二、跨文化非语言交际

（一）跨文化非语言交际的特征

随着科技和通信技术的迅速发展，从传统的通信手段（如信件、BP机、电话、电视）到如今网络技术的普及，通信形式涵盖了文字、声音和视频等。这种发展使人类的生活从平面走向立体、从无声走向有声、从狭小走向更广阔的空间。人们开始意识到语言文字交流的不便与局限性，因此追求更先进、更快捷的交际方式，建立更高效的交际渠道，包括声音和动作的交际。非语言交际在语言交际与其他交际方式结合中起着重要作用。在跨文化非语言交际中，了解交际对象的非语言习惯和方式，捕捉相关信息，可以及时调整交际活动，避免文化冲突和摩擦。

1. 普遍性

非语言交际行为在人类社会中普遍存在，作为一种共有的动作行为，可以跨越国家和种族的差异。这种普遍性在经典无声电影中得到了生动展现，如《摩登时代》就在全球观众中引发了强烈的共鸣。即便是哑剧这种艺术表演形式，其非语言行为不仅美国观众能理解，中国观众也能明白。通过画面和时代背景，观众更能理解电影蕴含的讽刺意味。哑剧的非语言行为具有世界性，让所有人都能理解演员要传达的故事。即便是用外语表达"我爱你"，并不是每个人都能理解，但通过眼神和肢体语言传达就显而易见。即使置身于陌生的国度，也能与当地人进行简单沟通，因为基本的非语言行为已成为"世界语言"，使跨文化交际更加简单。

2. 模糊性

非语言交际在跨文化交际中至关重要，然而其意义通常是难以准确表述的。动作、表情等非语言行为在不同的文化和语境下可能具有多重含义，导致跨文化解读产生差异。虽然非语言行为具有普遍性，但也存在个体差异。尽管基本的情感体验在不同文化间可能相似，但文化因素影响着情感的表达方式和界定。此外，非语言行为常常是无意识的。例如，一个人低头可能表达羞涩、紧张或内疚，而这种含义可能因文化背景而异。举手挥动常被理解为招呼，但在不同文化中，他人的解读可能存在不确定性。同样，过度激动或感动流泪的行为在某些文化中可能被误解为伤心或委屈，而实际情感可能完全不同。因此，要准确理解非语言交际，必须考虑到所处语境和文化背景。

3. 复杂性

人类演化的过程形成了多样而独特的文明，其中蕴含着丰富的民族和种族间的文化差异。这些文化差异不仅体现在语言和习俗上，还深深地渗透到人们的非语言行为中。非语言行为，包括但不限于肢体语言、面部表情、眼神交流等。人们在日常生活中的举止、表达方式及相互交往的方式，都受到了文化的影响。文化传承对人们的非语言行为产生了深远的影响，塑造了他们的习惯和表达方式。这种影响并不仅限于特定的文化范畴，还受社会地位、教育水平、性别、年龄、个人经历及性格等因素的交织影响。例如，在一些文化中，人们可能更倾向于通过言辞直接表达自己的情感和想法，而在另一些文化中，人们可能更注重非言语的暗示和含蓄。尽管存在一些普遍的非语言行为特征，但由于个体之间的差异及社会环境的不断变化，非语言交际仍然是一个复杂而多变的过程。个体在不同情境下可能会采取不同的非语言行为方式，这受到他们所处的文化背景、社会角色，以及与他人之间的关系等因素的影响。

（二）跨文化非语言交际中避免文化冲突的方法

文化差异在跨文化交际中往往是导致冲突的重要原因。首先，即使表达的含义相同，不同文化中的非语言行为也可能呈现出不同的形式。比如，一个微笑可能在一些文化中被解读为友好或赞许，但在另一些文化中可能被视为不礼貌或轻视。其次，即使是相同的非语言行为，在不同的文化背景下也可能被赋予不同的含义。例如，某些身体接触在一些文化中可能被视为亲密和友好的表达，而在另一些文化中则可能被解读为侵犯个人空间或不尊重。此外，一些文化中存在的非语言行为在其他文化中可能根本不存在，或者具有截然不同的意义。最后，某些非语言行为在一个文化中可能只有一种含义，但在另一个文化中可能有多种解读。例如，眨眼在某些文化中可能表示调侃或暗示，而在其他文化中则可能表示困惑或不信任。

　　成功跨文化交际的挑战在于必须重视非语言交际的作用，不仅要注意言语交流，还要关注姿态、表情、身体语言等。此外，面对来自不同语言和文化背景的人，个体需要具备适应能力，理解并尊重其文化背景和行为习惯。为了成功跨文化交际，个体需要采取一系列方法。首先，秉持求同存异的态度至关重要，这意味着尊重并理解不同文化之间的差异，而不是试图将自己的文化标准强加于他人；其次，个体需要清楚了解自身的非语言交际特点，并学会控制自己的表达方式，以适应不同的文化环境；再次，消除文化优越感，设身处地为对方考虑也是成功的关键；最后，个体应当让非语言交际成为言语交际的辅助，而不是取代。

第四节　非语言交际的分类

　　非语言交际的范围广泛，其中部分行为是无意识的。研究者通过多种方法来解读这一复杂领域，其中包括鲁希和基斯提出的手势语、动作语、客体语分类，以及纳普提出的更细化的七大类分类。根据表达意图和效果，非语言行为可分为善意、恶意和中性，也可以根据其可听性和可见性进一步划分。在交际过程中，人们主要通过身体表达和环境信息进行非语言交流。结合跨文化交际的特点，可以将非语言交际进一步分类为体态语、副语言、客体语和环境语。体态语着重于姿势和动作，副语言包括口头语言之外的其他语言形式，客体语是指身边的物品或符号作为传递信息的媒介，而环境语则是指人们所处环境中的各种信号和符号。这些分类方法帮助人们更好地理解非语言交际的复杂性，以及跨文化交际中的差异和共通之处，为有效的人际交流提供了理论支持和实践指导。

一、体态语

　　体态语是指人类利用身体动作进行非语言交际的方式。研究表明，人类能够做出的姿势高达27万种，远远超过声音的表达能力。体态语包括身势、眼部动作、面部动作、头部动作、手部动作、体触等，每种动作都能传达丰富的信息和情感，是人类交流中不可或缺的一部分。

（一）身势

身势作为人类最基本的生理属性，是身体呈现出的状态和样子的集合，包括坐姿、站姿、跪姿、蹲姿、卧姿、走姿、跑姿等。中国谚语"坐有坐相，站有站相"凸显了身势的重要性。身势不仅是生理的表现，更是个人精神状态、社会地位、个人修养、性格特点及职业情况的反映。步履轻盈展示了心情愉悦和身体健康，蹒跚多半是年长者或身体不适的表现，沉重的脚步则预示着心事重重或遭遇不幸。中国传统礼仪认为，不礼貌的行为包括无精打采、东倒西歪地站着或坐着等，而在欧美国家则不以为然。值得注意的是，身势具有可控性，可以通过语言提醒或命令改变，既受先天习惯的影响，也可以通过后天学习形成。因此，个人可以有意识地调整自己的身势，展现出更礼貌、自信和社会适应性强的形象。

（二）眼部动作

眼睛作为传递情感和信息的重要媒介，在人类交流中至关重要。不同的眼神和眼部动作传递着不同的情感与态度，从爱情的温柔凝视到亲情的关怀目光，再到敬畏、温暖或疲惫的表情，每种眼神都承载着丰富的含义。眼睛的转动和眼神的方向也具有特定的含义，如自信的目光通常表现为直视，而傲慢的目光则可能表现为俯视或侧目。在不同文化中，对于眼神交流的理解和习惯存在显著差异。在中国文化中，人们更倾向于含蓄和内敛，眼神交流往往更加谨慎和间接；在西方文化中，眼神交流则更直接和开放，表达情感和意图的方式更加直截了当。此外，礼貌和不尊重的表达方式也受到文化差异的影响。例如，中国人通常会避免对视来表达礼貌；在西方社会，围观或过度关注他人的行为则可能被视为不尊重他人的表现。

（三）面部动作

相较于身体其他部位，面部动作更丰富多变，能表现出各种不同的情感和态度，如微笑、大笑、嘲笑、奸笑、冷笑等表情是典型例子，能准确地传达人的内心世界，如喜、怒、哀、乐等。大部分面部表情是先天形成的，意味着它们在人类进化过程中就已经存在，并且不易被后天因素所改变。然而，个体在后天的经历和环境中也会对面部表情产生一定的影响，但相较于先天因素，后天的影响相对较小。

除了情感和态度的表达外，面部特征还可以反映出人的生理状况。例如，苍白的面色通常表示身体虚弱，而面色红润则代表了健康和活力。因此，人们常常通过观察他人的面部特征来判断其健康状况。

然而，面部动作的具体含义并不能一概而论，因为个人对事物的反馈不同，面部表现的程度也不同，同时还存在一定程度的模糊性。此外，不同文化对面部表情的表达方式也存在差异。例如，一些亚洲国家的人们往往控制情绪表达，更倾向于委婉地表达态度，避免在面部展现不满情绪；相比之下，西方文化可能更加直接地表达情感，甚至鼓励表露真实的情感。

（四）头部动作

头部通常与眼部和面部动作相配合，以传达更加准确的信息。单独的头部动作虽然存在，但其含义通常模糊或缺乏实际意义。例如，当表达轻蔑或高傲的态度时，人们会斜眼并抬头向斜上方，以展现出不屑的情绪；头部的微微向前伸通常表示对事情有兴趣、愿意倾听，而头向后仰则表示漠不关心、缺乏兴趣。点头常被用来表示赞同，表达出一种认可和同意的态度；若点头时伴有轻蔑、不屑、冷笑或苦笑，则更可能表示否定或不满。

在不同的文化中，头部动作也具有不同的含义。摇头常用来表示否定、抵制、拒绝、禁止等情绪，尤其在与点头相对应时更显明确。然而，有时摇头也可能具有不同含义，在某些国家，如印度，摇头也可能表示肯定。另外，头部动作也可用于指示方向，如微微向左或向右转动头部。

（五）手部动作

人类运用双手创造世界，改变自然，而手部动作成为非语言交际中最核心的表达方式。与面部动作相比，手部动作更准确，虽然适用于近距离交际，但在较远距离也可识别。日常生活中，手部动作发挥着不可替代的作用。无论是体育比赛中队友间的手势交流，还是交通警察用手势指挥交通，手势都至关重要。在南美洲，手势表达更加普遍，是文化交流的重要方式；但在亚洲大部分地区，尤其是在一些正式场合，频繁或大幅度的手势则往往被视为缺乏教养的行为。此外，不同国家对手部动作的理解和意义也不尽相同。比如，竖起大拇指在许多国家被视为优秀的象征，但在伊拉克，竖起大拇指具有侮辱的意味。因此，在跨文化交流中，理解和尊重不同文化背景下手部动作的意义至关重要。

除了交流表达外，手部动作还常用于计数、方向指引和物体描述。在日常生活中，人们经常使用手势来表示数字或者指引方向，这在沟通上起到了便利的作用。在描述物体或者场景时，手部动作也可以起到补充说明的作用，帮助对方更好地理解所传达的信息。

二、副语言

副语言作为一种非语言交流方式，与语言表达有所不同，其重点在于传达方式而非具体内容。它包括有声语言中的无语义声音（如沉默），以及对声音的控制和变化。副语言通过多种方式体现，如停顿沉默、声音修饰、话轮转换和非语言声音等。这些元素在交流中十分重要，能够传递情感、态度和意图，丰富了交流的层次和维度。

（一）停顿沉默

霍尔将文化划分为高语境文化和低语境文化，前者依赖语境，后者不重视语境。在高语境文化中，如中国，沉默被视为一种重要的沟通方式。中国人习惯通过停顿或沉默来表达意见和看法，认为"此时无声胜有声"。沉默的表达方式非常委婉，通常意味着不直接拒绝、批评他人、同意、反抗、默认或保留意见等。与之相比，在低语境文化中，如西方国家的人们就不习惯沉默的交际方式，认为沉默代表不尊重，可能会被误解为缺乏参与或冷漠。在交际中，理解和接受这种文化差异非常重要，可以避免误解和冲突的发生。

（二）声音修饰

声音的修饰对于表达至关重要，因为语调、音强、音速和音长能够赋予相同的话语以不同的含义。比如，在演讲时，抑扬顿挫的语调能够吸引听众的注意力，而平铺直叙则容易让人感到乏味。声音的强弱也能反映个人的个性特征，自信的人通常会拥有洪亮的声音，而胆小的人则可能会低声细语。此外，情绪的变化也会影响声音的表现，激动时语速会加快，音调会升高；平静时则会表现出温和、缓慢的特点。声音也能反映一个人的健康状况，健康的人通常会拥有沉着有力的声音，而体弱的人则可能会表现出软弱无力的特点。此外，不同的身份地位也会影响一个人的语调，因此语言如果没有声音的修饰，就会显得相对失色。然而，在不同的场合中过度使用声音修饰可能会引起他人的反感，因此在表达时应该慎重考虑声音的运用。

（三）话轮转换

话轮转换是交际中常见的现象，通常出现在话轮结束、话轮维持、话轮请求、话轮返回等情境中，并以有声的反馈方式展现。在交际中，一方表达意见时，另一方应适当地进行反馈。在话轮转换过程中，角色不断转换，但很少出现重叠或冷场的情况，使交流流畅而有序。听话者通常会使用诸如"嗯""是的"等反馈词语，以示意他们在认真倾听。当讲话者即将结束时，会通过变化声调、语速等方式暗示听话者可以发言，体现出一种交际的礼貌性。尽管礼貌性原则在交流中十分重要，但有时会被忽略，如在打断或插话时，可能会发出提示声音。如果一个人希望继续发言，通常就会采用加快语速、变化音量等方式来表达自己的意愿。在跨文化交际中，人们应避免长时间独占话轮或随意打断他人发言，而应遵循合作性、礼貌性和经济性原则，以确保交流的顺畅，展示出尊重他人意见的态度。

（四）非语言声音

非语言声音，即功能性发声，是人类在交流中传递信息、达到交际目的的重要方式。比如，发音器官在感知不舒服时会发出呻吟声、咳嗽声、清嗓声、打喷嚏等，在感受寒冷时跺脚搓手发出"sisi"声；开心时会欢呼"哇"，而失望时则会发出叹息"唉"。此外，人们还能模仿自然界的声音，如狗叫、猫叫、鸡叫或小河流水声等，还能借助拟声词表达对应的情感或情境。此类声音不仅具有表达情感的功能，还能增强交流的生动性和趣味性。这些声音在特定情境下可能会干扰或影响交流，因此需要适当控制，以避免造成交际冲突。

三、客体语

客体语在非语言交际中扮演着信息传递者的角色，与讲话者的直接关系并不紧密。主体通过客体的表现，运用生活和文化常识进行推理与联想，以获取信息。与副语言相比，客体语需要通过视觉和嗅觉解码信息。比如个人拥有的物品，承载了丰富的信息，展示了交际者的生活习惯、个人品位、性格特征、社会地位、职业特点和文化内涵。可以说，第一印象在语言交流前起着重要作用，外表特征（如体貌、着装、发型、妆容、装饰品等）会影响人们的评价和预期。这些客体语的元素共同构成了一个综合的交际图景，为人们提供了更多的信息和认知线索，进而影响着他们对交际对象的态度和行为。

（一）肤色与体貌特征

不同种族的人拥有不同的肤色和体貌特征，这在很大程度上影响着人与人之间的亲疏关系。即使在同一种族内部，也存在肤色和体貌的差异。这些特征反映了个体的生活方式、文化背景及社会地位。就男性而言，体魄强健、皮肤黝黑，可以推测出其热爱运动、身体健康，性格可能热情主动；体型瘦弱、皮肤偏白的男性则可能更内向、胆小，不太喜欢户外活动。这种推测虽然不绝对，但在某种程度上可以提供对个体的初步了解。在大多数欧美国家，女性美丽的标准是身材丰腴、长相标致；在亚洲国家，女性美丽的标准则包括身材纤细、唇红齿白、皮肤白皙。这种审美差异反映了不同文化对于美的理解和价值取向的不同。在烈日高照时，亚洲女性常常采取各种防晒措施，如撑遮阳伞、戴遮阳帽，以保持皮肤白净；在欧美国家，女性更倾向于享受日光浴，认为略带小麦色的皮肤更健康。

（二）服饰

自古至今，人类的服饰演变承载着丰富的文化内涵和社会象征。起初，服饰的主要功能是御寒遮体；随着社会的发展，服饰的作用逐渐多元化，成为人们展示社会地位、职业身份及个人品位的重要方式。不同时期、不同民族的服饰反映了当时的社会生活和文化特征，是一种非语言交际的重要形式。在国际舞台上，着装原则被总结为"TOP"，即时间、对象、目标、地点。这意味着在选择服装时，人们应当考虑到不同的场合和情境，选择合适的服饰。同时需要注意的是，中国与西方在着装礼仪方面存在明显的差异。例如，在西方国家，穿着睡衣上街被视为一种缺乏礼貌的行为；在中国，这种做法并无不妥，甚至很常见。在职场着装方面，中国与西方也有不同的规范。西方的职场着装通常更加正式，注重细节、个性化和专业性；中国则可能更加注重体现团队精神和集体价值观，因而着装通常比较统一。此外，饰品的佩戴也展现出明显的文化差异。例如，在西方，已婚夫妇通常会在左手无名指上佩戴戒指来显示其婚姻状况；在中国，佩戴戒指往往有更多的内涵。近年来，随着西方文化的影响，一些中国夫妇也开始佩戴婚戒以表示自身的婚姻状况。

（三）妆容和发型

在非语言交际中，妆容和发型在不同场合传递着不同的信息。在正式场合，女性通常选择淡妆，以显示对活动的重视和对他人的尊重；在舞台或娱乐场所，浓妆或华丽妆容更常见，以凸显表演的气势或热闹的氛围。发型也是非常具有指示性的元素。历史上，古代中国的成年男子束发，女子结婚会挽发髻，而现代女孩也会在结婚当天盘起长发，这些传统仪式感强烈的发型，体现着文化和社会背景的影响。在现代社会，对女性来说，短发通常被视为精明干练的象征，而直发则给人温柔淑女的印象，长鬈发则展现出成熟妩媚之感；对男性来说，大多数选择短发，但少数蓄长发的男性会被视为个性张扬、叛逆。

（四）身体气味

身体气味是多方面因素的结果，其中包括饮食、饮水、生活习惯、种族、性别、个人卫生和环境等。这些气味不仅是个人特征的体现，还传递着重要信息。嗅觉作为一种感知方式，能够揭示出种族和文化习惯。在跨文化交际中，个人卫生管理尤为重要，包括清除口气、汗味、胃肠气等异味，以尊重他国文化和习俗。这种尊重，能够使人们更好地融入异国文化，以便建立良好的交流与合作关系。

四、环境语

环境语涵盖时间、空间、颜色、建筑设计及装饰等元素，与地理环境和自然环境密切相关。在非语言交际中，环境语十分关键，创造出生理和心理环境。它类似于客体语，是信息的呈现形式。不同之处在于，环境语通常不直接与个人联系，而客体语则借助个人物品传达信息。因此，环境语更侧重整体氛围和场所的表达，而客体语更侧重个人特征的展示。

（一）空间语言

空间观念在人类生活中十分重要，是后天习得的，并在不同文化中呈现出多样化的交际距离习惯。美国人类学家霍尔曾提出"空间会说话"的理论，在其著作《无声的语言》中深入探讨了空间在非语言交际中的作用。人际距离是人与人之间关系亲疏和社会地位的反映。例如，朋友、恋人之间的交往距离往往比与陌生人见面时的距离更近。不同场景中的空间安排也反映出社会地位的差异，如剧院的贵宾席、机场的VIP通道等。在房地产行业中，不同空间的划分也成为销售策略的一部分。空间环境对情绪和人际交往有着明显的影响。例如，在中国春运时，与家人团聚所处的空间环境与平日里的体验截然不同，这种差异会直接影响人们的情绪和交往方式。公共空间和私密空间对人的心理产生不同的影响。在公共环境下，人们往往更加谨慎，注重自己的言行举止；在私密空间中，人们会感到更加自在和放松。即便是家庭成员之间也需要私密空间，这样的空间划分能够促进家庭成员之间的独立性和自主性，尊重彼此的隐私。

生物体与外界环境的关系不仅存在于肉体的界限，还包括一种非肉体的界限，即有机体的领地。领地占有是生物体为了拥有自己的领地并维护其范围而进行的行为，包括领土和个人空间的占有。领地可以是有形的，如座位；也可以是无形的，如个人空间。在日常生活中，人们迅速确立领地关系，如公交车上的座位和电梯中的站立空间。在公交车上，坐到别人默认的座位上会引起不安，因为这会侵犯他人的领地，而原本的"主人"

上车后也会感到不满。同样，在电梯中，每个人站立的空间被视为自己的领地，人们会尽量避免与他人碰触，因为这样做会侵犯他人的领地。当需要离开电梯时，为了避免侵犯他人的领地，需要征得他人同意让行；当电梯已经拥挤而有人还要上电梯时，电梯内的人会为了捍卫自己的领地而拒绝他人进入。这种行为反映了领地对于个体的重要性，它不仅是一种生物本能的表现，更是社会交往中不可或缺的规范之一。因此，领地的概念不仅限于动物世界，在人类社会中也具有深刻的意义和影响。

在地理与文化差异方面，中国和西方存在明显差异。中国人口稠密，而西方国家大多地广人稀。在西方，个人空间较大，人们更积极地保护个人空间和隐私，反映在他们更注重保护隐私，以及对个人空间的重视上。在中国，个人空间相对较小，人们更容易接受与他人的近距离接触，并且对隐私的保护程度相对较低。

座位安排也反映了文化差异。中国倾向于使用圆形或正方形的餐桌，有利于更亲近的座位安排，体现了人际关系的亲密和团结；西方更倾向于使用长条形餐桌，并普遍采用分餐制，强调个体之间的独立性和自由性。座位位置在两种文化中也有不同的含义。在中国，离主人或主桌近的位置地位较高；在西方，长条形餐桌上，对面的位置更重要，反映了对个体之间平等交流的重视。

面对面交流的空间含义也是文化差异的体现。交谈双方的距离远近反映了交流内容的隐秘程度和重要性。距离近可能意味着涉及个人隐私或不便公开的内容，适中的距离可能是关于个人事务或工作汇报等内容，而距离较远则表明内容是公开可传播的，体现了对隐私和信息分享的不同态度。

（二）时间语言

时间和空间是相互作用、密不可分的，人类和万物都无法摆脱时间与空间的影响，皆在时空中发展。在非语言交际中，人们关注不同文化对时间的理解和态度，即时间观念。在不同文化中，人们对单位时间的长短、快慢、守时与否等有不同的看法和态度。在一些文化背景下，人们倾向于在做事之前安排和计划，而另一些则更倾向于顺其自然，认为计划不如变化快。通过比较不同文化中的时间观念，可以更好地理解和尊重他人，促进跨文化交流和合作。

（三）颜色

在非语言交际中，颜色对人们的心理产生着深远的影响，由此引发了色彩心理学的研究。色彩不仅能影响情绪，而且具有象征性，在人们的日常生活中起着调节情绪的作用。通常来说，颜色被分为冷色和暖色、轻色和重色两个维度，每种颜色都有特定的心理效应。例如，红色和黄色被归类为暖色，往往能够带来温暖和活力的感觉；灰色和蓝色则被归类为冷色，给人一种冷静和沉稳的感觉；绿色和米白色常常被认为能够使人感到平静，而五彩则充满活力和快乐。这些色彩心理的经验在人们的日常生活中逐渐演变成了心理规范。例如，黑色往往被视为权威和低调的象征，因此在商务场合或正式场合中常被选用；白色通常象征纯洁，因此在西方和日本的婚礼场合中被广泛应用。在中国文化中，红色代表着喜庆和辟邪，常被用于婚礼、节日等场合。商家也充分利用了色彩心理学来引起消费者的共鸣。例如，在夏季，商家往往会采用绿色和蓝色等清凉的颜色来推销商品，以迎合人们对清爽、凉爽的期待；在冬季，暖色调如红色和黄色更受欢迎，因为它们能够带来温暖和舒适的感觉。

第四章　跨文化传播与外语教育

第一节　跨文化传播的相关概念

一、文化的内涵、特征与要素

文化涉及人与社会的关系、人的存在方式等层面，也包含一些具体的内容。具体如下：

（一）文化的内涵

1. 文化的定义

对普通人来说，文化是一种时常接触却未必清晰认知的客观存在；对研究者来说，文化是一种容易被感知却不容易把握的概念。（1）文化是由内隐与外显行为模式组成的；（2）文化的核心是传统的概念与这些概念具有的价值；（3）文化体现了人类群体的显著成就；（4）文化体系不仅是行为的产物，还决定了进一步的行为。

这一定义凸显了文化符号的传播方式及文化对人类行为的深远影响，并强调了文化作为价值观的重要性。文化是人类行为的结果，对人类行为产生至关重要的影响。同时，文化也是社会存在的一种反映，它解释并整合了行为、价值观及社会方式，从中展现了人类与自然、社会及自身之间的复杂关系。因此，文化的重要性不仅在于它是一种表面现象，更在于深刻地塑造了人类社会的方方面面，决定了人们的思想观念和行为方式。

2. 文化的功能

（1）化人功能

文化是人类与动物的显著区别之一，因其具有精神属性。这种属性决定了文化的化人功能。首先，文化是积极的、先进的，有助于人们身心愉悦、心智启蒙，从而获得精神上的满足感和幸福感；其次，文化具有理论指导力和舆论向导力等功能，有效地满足人类的需求；最后，作为人类的精神动力，文化推动着人类走向光明的未来。因此，文化的精神属性不仅使其与动物世界区分开来，而且赋予了其深远的价值和作用，使其成为人类社会发展不可或缺的组成部分。

（2）反向功能

社会并非总是处于整合状态，非整合状态也兼而有之。也就是说，个体和群体并不总是处于整合状态，违反社会规范的情况时有发生。例如，社会的机会结构可视作一种文化安排，有些人在追求自己的目标时会采用合法的方式，有些人会采用非法的方式。前一种情况是文化的正向整合功能或状态的体现，后者则是文化的反向非整合功能或状态的体现。文化的这一功能在社会活动中发挥了正向整合功能，从而保证了社会体系的平衡。

（3）整合功能

社会需要通过文化的整合功能维系团结与秩序稳定，这体现了整合功能的重要性。社会通过整合可以协调文化内部中各部分之间的关系，使之形成一个和谐一致又联系紧密的整体。此外，同一个国家或同一个民族成员的制度、观念、行为等也需要规范，文化的整合功能恰好可以使这个国家或民族的成员对自己的国家或民族有一种归属感。通过文化对一个社会的不断整合，各地区、各民族的文化也互相融会贯通，从而达到加强民族团结、促进社会稳定与发展的目的。

（4）规范功能

文化的一个重要作用就是要形成各种各样的制度规范来约束人们的社会行为，保证一个社会能够进行有序的运转和稳定的发展。随着社会生产力的不断发展，人类文明在演变的过程中逐渐出现了各种规章制度，这些制度可以维护社会生产的有序进行。如果社会成员的行为不能得到及时的引导和规范，社会就会陷入一种无序的状态。因此，文化的规范功能保证社会有序发展。

（5）经济功能

在商品经济社会，商品是人们用于交换的劳动产品。文化可以作为一种劳动产品出现在人们面前，因此文化就具有了经济功能。具体来说，文化是人类社会分工与精神生活结合的结果，如果文化是为了满足他人的需要，并且与他人进行交换，那么文化就属于一种商品，其经济功能也会显现出来。

文化的经济功能在推动文化产业化方面起到了关键作用。这一趋势的形成与发展得益于文化产业对资源、环境的较小影响，以及对高科技水平的需求。越来越多的国家开始重视文化产业，并将其视为推动经济增长的重要引擎。这一发展也推动了文化经济一体化的形成与发展。随着国际交往日趋频繁，文化产业越来越成为推动经济发展不可或缺的一部分，从而促进文化经济的一体化。此外，文化的融合也使各国物质产品更加多元化，为产品增加了附加值。这一过程进一步加强了文化经济的一体化趋势，为各国经济的繁荣和多元化做出了重要贡献。

（6）社会功能

文化的社会功能主要体现在两个层面：一是社会动力功能，二是社会稳定功能。

首先，文化对社会经济发展起着巨大的促进作用，这就是文化的社会动力功能。在当代社会，文化直接影响着一个国家的综合国力，并且逐渐成为这个国家的重要产业。如果没有文化，人们就不可能摆脱愚昧，也不可能向着文明的方向发展。简单来说，文化的进步是社会进步的动力。当文化发展时，其功能就会展现出来，因此也会对社会有着协调与发展的意义。

其次，文化具有保证社会稳定的功能。从整个社会来说，文化能使人们获得归属感与认同感，文化规范着社会运行的机制，对人们的心理有导向作用。当然，这种导向既可能是积极的、正面的导向，也可能是消极的、负面的导向。前者有助于促进社会的和谐与稳定，后者则有可能造成社会的滑坡与退步。因此，在当今社会，人们应该凝聚力量，树立信心，为创建和谐美好的社会而努力奋斗。

（7）育人功能

文化具有知识属性，文化代表着学习知识，文化人代表着知识人，可以说文化就是知识，是知识不断积累的过程。文化的知识属性决定了文化的育人功能。

育人并不是指教育人，而是指改变人、培育人和提高人的素养。首先，文化促进人不断进化，文化指引人们从愚昧走向了文明与博学；其次，文化可以塑造人，人们总是在不断地学习各种文化知识，从而塑造自己的人格；最后，文化可以提升人的能力，通过学习各种知识，人的创造能力会有所提升，就会向更高层次的人才方向发展。

（二）文化的特征

1. 主体性

文化是人类主体发挥创造性的外化表现，源自人的主体性，即人作为活动主体、实践主体等的质的规定性。通过与客体的交互，人展现了自身的主体性，进而产生了自觉性。文化主体具有目的性和工具性，促进了人的全面发展。实际上，文化不仅是人全面发展的工具，还是其前提。文化主体同时具有生产性和消费性。文化的生产旨在更好地进行文化的消费。创造文化是一种手段，而消费文化则是目的。这种相互关系构成了一个循环系统，使文化不断更新和发展。在这个过程中，文化的创造者不断探索、创新，从而丰富了文化资源；文化的消费者则通过吸收、体验文化，来实现自身的全面发展。因此，文化的生产和消费并非孤立的行为，而是相辅相成的。正是通过这种生产与消费的互动，文化得到传承、创新，从而不断推动人类社会的进步与发展。

2. 实践性

实践是人类创造文化的自觉性、能动性活动，它是人类对周围世界的主动改造和认识过程。文化作为人类实践的内在图式，是在实践中形成、传承和发展的。实践对文化起着决定性作用，尤其是物质生产方式在其中的基础地位。物质生产方式的变革会引发文化、价值观念等方面的变化，从历史上各种生产方式的转变中可以得到验证。同时，文化对实践具有重要影响，因为实践往往在特定文化中展开，并且文化对实践具有指导意义。文化内部的价值观、规范等因素影响着人们的实践行为和决策，从而塑造着社会的方方面面。

3. 传承性

文化具有传承性，是人类进化过程中衍生和创造的一种代代相传的习得行为，对个体和社会的生存、适应与发展具有促进意义。也就是说，文化并不是人类生来就有的，而是在社会化过程中逐渐习得的，每个社会中的人只有依靠特定文化的力量才能生存与发展。

文化作为人的生存方式，具有个人与群体生活的基本功能。在某种意义上，文化是为人类生命过程提供解释系统、帮助他们应对生存困境的一种集体努力。

人类通过解释自身生存行为，形成了共同的价值体系，这一体系在社会中得到制度化，并规范着人们的行为。这种共同的价值体系不仅影响着人与人之间的相互关系，还决定了人类与自然界之间的物质交换方式。因此，共同的价值体系不仅调整着人们在生存活动中的相互关系，还在一定程度上影响着人类与环境之间的互动方式。

4. 稳定性与变化性

文化既是稳定的，又是发展变化的。一般而言，人类的每种文化都具有保持内部稳定的文化结构，体现在相对稳定的习俗、道德、世界观、价值观等方面，在面对外部文化冲击时，能保持自身结构的稳定与平衡。

同时，文化是发展变化的。生产力的发展、新的发明创造、新观念的出现、政治上的突变、经济的全球化趋势，均能在某种程度上推动文化的发展变化。

（三）文化的要素

1. 认知体系

认知是人类个体内在心理活动的产物，具体指"主体赖以获取知识与解决问题的能力"。人类通过认知而对客观世界有所认识，对周围世界的信息进行有选择地收集，同时对客观世界中的刺激做出相应的反应。

认知体系主要包括感知、思维方式、世界观、人生观、价值观等要素。从很大程度上来看，认知系统可被看作文化群体的成员评价行为和事物的标准。这一标准存在于人的内心，通过人的态度与行为得到体现。

认知体系是跨文化传播学重点关注的文化要素之一。对不同社会文化或民族群体中的人来说，受生活环境与生活经验的影响，其认知也有所不同。

2. 规范体系

规范是历史形成的和固定的人们参与社会活动的共同标准，涉及习俗、道德、法律、制度等。规范对不同文化群体成员的活动方向、方法和形式进行了明确的规定。此外，各种规范之间互相联系、互相渗透、互为补充，对人们的各种社会关系和社会交往活动起着调整作用。

3. 语言和非语言符号

在人类的社会生活中，人们的交往和沟通都是通过语言符号与非语言符号实现的，并在此基础上创造文化。此外，语言和非语言符号是文化积淀与储存的手段，各文化要素需要借助语言和非语言符号体现出来，并传承下去。

4. 社会组织与家庭

社会组织是实现社会关系的实体。要确保各种社会关系得以实现并正常运行，每种文化必须构建一些社会组织。具体而言，保证各种社会关系运行的实体包括家庭、生产组织、教育组织、政治组织、娱乐组织等。其中，家庭是在婚姻、血缘关系或收养关系基础上形成的亲属间的社会组织。

家庭是最古老、最基本的一种社会组织。家庭承载着文化，告诉人们世界的样子及自己在世界中的位置。家庭将一个个生物机体转化为社会人，从孩童起传授给人最基本的态度、价值观及行为方式。人与人的一切社会关系和社会交往，均是基于家庭而形成与发展的。

5. 历史

历史是理解文化的中介。历史可以作为文化价值、文化理想及文化行为的起源。历史主要是人类活动的过程与记录。文化是历史的一个重要组成部分。文化特性均能在历史事实中找到答案。进一步说，文化的现实是历史的延续，现实中的文化要素均可在历史中找到其嬗变的轨迹。因此，要对某一文化现象有所理解，不仅要关注其涉及的内容，还要对其形成的历史过程有所理解。

在文化与传播研究领域，文化与历史这两个词一般是可以互换的。其原因在于历史是隐藏在文化深层结构中的要素，各文化都有其各自的历史。

6. 物质产品

文化的物质产品是指经过人类干预或改造的自然环境与创造出来的所有物品。建筑、计算机、汽车等都属于文化的物质产品，能体现出文化的价值观、需求、目标和关注所在。

物质产品与其他文化要素息息相关。物质产品既凝聚着人们的观念、智慧、需求和能力，也为人们建立和开展各种社会文化交往，维系各种社会关系的结构、功能和秩序提供了基本的物质依托。

7. 地理环境

地理环境对于文化发挥着重要的作用。环境极大地限制了人们的生活，每种环境在一定程度上迫使人们接受一种生活方式。

中国是一个典型的大陆型国家，地理环境较为封闭，多数地区都处于温带，气候适宜，多样化的山脉与河谷、平原环境提供了相当丰富的生活资料，使中国很早就形成了较为稳定的农业社会结构。与此相适应，中华民族的性格主要是勤劳、本分、热爱和平。

二、传播的系统

（一）信息

信息是指在特定时间、状态下，向特定的人提供、传递的与特定事实、主题及事件相关的知识。信息一般有以下三个特点：（1）信息与现实中的事实息息相关，而且借助一定的载体形式得到呈现；（2）信息处于流动过程中，被相关的信息接收者分享；（3）信息与环境存在密切的关系，信息是在特定环境下发出的，环境包括社会环境、自然环境、身体状况或心理情况，信息的意义与被理解也和这些环境因素有关。

（二）编码与译码

传播是通过信息编码和译码赋予意义的复杂过程。编码是将思想、感情、意向等内容转化成可理解的传播符码，通常依赖于媒介技术手段，使信息能够以符号形式传达。译码是接收到的传播符码被解读、赋予意义或评价的过程，是信息接收者对信息的理解与解释。

编码与译码往往是约定俗成的，通行于特定的群体与文化中，跨越文化的边界之后就会出现跨文化传播。

（三）媒介

媒介又称为"渠道""信道"，是传播方式、手段或工具的具体体现，承载着信息的传递与交流。在传播过程中，各种信息需要利用一个或多个媒介进行传递，这种选择往往取决于信息的性质、受众特征和传播目的。在跨文化人际传播中，传播媒介一般是人本身，通过个体与他人之间的情感、思想传递，确立人与世界的关系本质。随着科技的迅猛发展，人类传播信息的媒介越来越多样化，效率也得到了提高。一种信息通常能够借助多种媒介进行传递，如文字、图像、声音等，为信息的传播提供了更广阔的空间和更多的选择，也促进了人类文明的进步和交流的便利性。

跨文化传播研究主要关注不同文化、国家的传播媒介的差异及文化特色，以及不同文化、国家对同一媒介的运用方式和偏好。

三、文化与传播的关系

（一）传播使文化得到延续

文化是在传播过程中生成、发展、变迁的。传播是形成、保存和发展人类文化的必由之路。只有通过传播，文化才有生机和活力，并不断发展下去。

区域文化的联系在人类早期社会就已存在，相邻部落的联系也一直都存在，而且借助传播不断扩展开来。后来的历史经验也表明，文化依赖于传播的建构活动，文化的形成和发展一直受传播的影响。在传播过程中，文化中的经验、知识、技术、思想等逐渐发展、丰富，同时进行新的文化创造与积累。

（二）文化是传播的基础

没有文化的传播和没有传播的文化是不存在的，主要包括以下两种内涵：（1）传播是基于人类生存与发展的需求而产生的，体现在人们的日常生活中，是人类的一种主要生存方式；（2）文化具有明显的动态性，文化从一产生就有向外扩展与传播的冲动，文化的传播是文化生存与发展的必然需求。

人类的任何传播都离不开文化。没有传播，就没有文化，个体的传播行为受其所处文化环境影响深远。衣着、玩具、饮食、信仰、消费和时间利用等方面的知识不是生来就具备的，而是文化环境赋予的。文化既是生活的导师，也是课本，涵盖社交礼仪、健康观念等方面的内容。文化的多样性使传播行为在不同文化中有所差异，不同文化背景下的个体可能采取截然不同的传播方式。文化设立了个体与外部世界之间的"屏障"，这些屏障为人们提供了外部世界的结构，使文化以多种形态决定人们注意哪些方面，不注意哪些方面，同时决定了人们的选择。总之，文化是传播的基础，所有的文化都是混合而成的，没有哪一种文化是独立存在的。

第二节 语言与文化

语言与文化密不可分，二者相互依存、相互影响。文化的演变有着历史连续性，语言交流是其延续的重要媒介。因此，语言与文化的关系成为不可回避的焦点。要提升外语教学水平，就必须深入探讨语言与文化的相互关系。学生需要深刻理解语言与文化之间的联系，方能克服跨文化交际中的障碍。只有理解文化语境，才能准确把握语言含义，促进语言学习的深入和交际的顺畅。

一、语言概述

（一）语言的定义与功能

1. 语言的定义

第一，语言是一个复杂的生成系统，其结构具有多层次性，包括音位、音节、语素、词和句子。这个系统储存在人类大脑中，并受一系列规则支配。这些规则既复杂又抽象，使人们能无限组合词汇和句子，并能判断其语法正确性。

第二，语言是一套任意的符号系统，可以通过声音或视觉符号表达。其意义是社会约定俗成的，与所指事物之间并没有必然联系，说明了语言的任意性。不同语言中的符号可能表示相同的事物，这是社会规约的结果，受社会和文化背景的影响。

第三，语言是人类社会交际的重要工具。人们通过语言学习交际技巧，并掌握语言的运用。交际需要言语表达，而语言的发展和演变正是在社会交际中不断产生与发展的。这种交际过程不仅是信息的传递，更涉及情感的表达和社会关系的构建。

第四，语言与文化密切相关，可以被视为文化产生和发展的基础之一。文化的发展推动了语言的变化和丰富，语言也反映和传承了文化的特征与价值。不同的文化背景会影响语言的词汇、语法结构及言语习惯等方面，从而形成了多样性和丰富性。因此，语言不仅是文化的一部分，还是文化的载体和传承者。

第五，人类语言的独特性在于其复杂的交际系统，与动物的简单信息传递方式形成了鲜明对比。尽管动物能够通过特定的行为传递信息，如蜜蜂通过舞蹈传达花园的位置，海豚利用声音信号传递警示，但它们缺乏类似人类语言的复杂性和多样性。人类语言包括词汇、语法和语义等层面，能够表达抽象概念、情感和想法。动物的交际方式往往局限于特定的情境和信息，缺乏灵活性和抽象性。

第六，在语言习得方面，无论是哪种文化背景的儿童，都以相似的方式学习语言。儿童能够轻松地习得周围环境中的语言，只需要与使用该语言的成人或同龄人进行交流，并保持持续的语言环境接触。通常在五六岁时，儿童就能流利地运用语言进行交际。这表明：语言习得是一种普遍的、内在的能力，而非文化特异性的产物。对语言本质的不同理解，将直接影响外语教学的态度和方法。将语言视为交际工具的教师更注重学生的实际语言运用能力，强调在真实交际环境中培养学生的语言技能。这种方法倾向于采用情境化教学、任务型教学等活跃参与型的教学方法，使学生能够在实际情境中运用所学语言，提高他们的交际能力。相比之下，将语言仅视为一种符号系统的教学方法则可能更加注重语法规则和词汇记忆，而忽视了语言在交际中的实际运用。这种教学方法可能导致学生在实际交际中出现困难，限制了他们语言运用能力的发展。

2. 语言的功能

语言学家对语言的功能进行了全面的探讨，并试图将其进行统一概括与分类。在这一领域，雅各布森和韩礼德是两位备受推崇的理论家。

雅各布森认为，语言类似于其他符号系统，主要目的是交际，不仅是传达信息。基于这一理念，雅各布森提出了六个关键要素来解释语言功能：发话人、受话人、语境、信息、语码和接触。这些要素共同作用，构成了语言交际的基本框架。在此基础上，雅各布森建立了相应的语言功能分类体系。这一体系将语言功能分为不同的类型，如表达、控制、信息、情感等，每种功能在交际中都十分独特。通过对这些功能的分类和理解，人们可以更好地把握语言在不同情境下的作用和意义，进而提高交际的有效性和准确性。雅各布森的贡献不仅在于他对语言功能的理论探讨，更在于他建立的分类体系为语言学研究提供了重要的框架和思路。

雅各布森建立的语言功能如下：

诗歌功能，用于享受语言本身的乐趣。

所指功能，用于传递信息。

意动功能，用于通过指令或肯定说服或影响他人。

感情功能，用于表达观点、情感和情绪。

元语言功能，用于弄清交际意图、词语和意义。

寒暄功能，用于与他人建立联系。

韩礼德建立的元语言理论功能如下：

语篇功能，使语言与语境内容相互关联。

人际功能，体现社会关系。

概念功能，建立了逻辑关系和经验模式。

在韩礼德的早期著作中，他通过观察儿童语言发展的情况提出了语言的七种功能，即工具功能、表达功能、互动功能、控制功能、教导功能、自制性功能和想象功能。

上面的两种功能划分至今仍具有重要的意义，下面就对其中的一些功能进行介绍。

（1）元语言功能

语言起着多重作用，包括探讨语言本身的能力。例如，通过使用"书"一词，既可以指代具体的一本书，也可以作为语言符号，代表整体概念。作者通常利用特定语言组织文本，向读者传达即将发生的事件，确保文章的连贯性。这种语言的运用不仅是传递信息的工具，更是一座沟通的桥梁，帮助读者理解作者的意图并与其建立联系。举例如下：

All around the town the lion chased the unicorn.

在镇子周围狮子追着独角兽。

The lion chased the unicorn all around the town.

狮子追着镇子周围的独角兽。

第一个句子是告诉读者"狮子在做什么"，第二个句子是告诉读者"狮子在哪儿"，这种顺序的变化就改变了句子的意义。这就是元语言功能的体现，它与系统功能语法中的主位功能相吻合。

（2）信息功能

信息功能又称为"概念功能"，被视为语言的主导功能，指的是人们利用语言进行交流与沟通，传达思想，并借助文字记录。语言作为表达内容的媒介，承载着发话人在现实中的经验和自我意识。通过语言，个体将经验与思想转化为可传达的形式，使相关经验结构化，并协助他人形成对事物的理解。然而，若发话人未按照自身经验进行语言交际，则会耗费更多精力，因为其言辞不仅需要进行思考，还需要与其个人经验相符合。

（3）寒暄功能

寒暄作为人际交往的一种基本形式，其目的在于通过简单的词语或短语表达人与人之间的和谐关系。然而，不同文化对于寒暄语的使用方式存在差异。以中国和美国为例，中国人倾向于在交流开始时使用寒暄语，视之为交际的必要前奏；而美国人则更倾向于将寒暄语穿插在交谈中，作为交流的一部分。

在某些文化中，寒暄语可能会采用幽默或诙谐的形式。例如，在非洲的布隆迪，妇女在离开时可能会说"否则丈夫就会揍我的"，虽然这句话看起来似乎是一种娱乐化的谈话内容，但实际上它仅仅是一种礼貌的回答，以示对交流结束的尊重。

寒暄在维持人际关系方面起着重要作用，因为它有助于营造融洽的氛围。除了简单的问候之外，寒暄还可以采用行话、方言、玩笑、俚语等形式，这些都是特定文化中常见的交际方式。因此，在学习交际技巧的过程中，应重视寒暄功能的重要性，并了解不同文化中的使用方式，以避免交流上的误解或不适当的行为的发生。

（4）情感功能

语言的功能包括信息功能和情感功能，其中情感功能占据较大比重。情感功能可以改变人的态度和行为，使其成为语言中最实用的功能之一，语言的表达功能具有个体性，一般不涉及与他人交际的内容。然而，在某些情况下，人们会下意识地表达情感，如突然喊出"哎呀""哎哟""天哪"等。这种情况不仅是个体的，还可能是群体的反应，如在特殊场合下，人们会不约而同地表达出相同的情感。这种集体性的情感表达反映了人类情感共鸣的现象，即在某些情境下，人们会产生相似的情绪和情感体验。这种共鸣可以加强社会群体的凝聚力，促进情感交流和理解。因此，情感功能不仅是一种个体表达的手段，更是人类社会交往和文化传承中不可或缺的重要元素。

（5）人际功能

人际功能是社会功能的一种，通过语言构建与维持人际关系。它聚焦于发话者与听话者之间的关系，以及发话者对听话者表现的态度。在称呼等语言方式中，反映了人际关系的阶层差异。例如，"尊敬的校长""敬爱的女士"等词传达了尊重和敬意。这些语言形式不仅是礼貌用语，更是社会地位、权力和尊严的象征。

除了称呼之外，身份的表达也与人际功能密切相关。这一身份包含以下几个层面：伦理层面，包含阶级、阶层、社会角色等；地域层面，包含方言、口音等；心理层面，包含个性、智力、谈吐等；生理层面，包含性别、年龄、声线等。人际功能包含的内容十分广泛，经常会涉及不同的术语，而寒暄功能、情感功能等都会包含人际功能的某些层面。

（6）娱乐功能

娱乐功能应用的范围虽然相对较小，却具有重要意义。比如，婴儿在玩耍时发出的声音表达着快乐，这种语言的节奏控制着玩耍的节奏。这种基本形式的交流在婴儿与父母之间建立了情感联系，对婴儿的成长和发展至关重要。另外，歌曲或歌剧也展现了语言的娱乐功能。例如，我国部分少数民族有对歌的传统，通常以问答形式持续演唱。这种形式不仅在文化传承中十分重要，而且在社交和娱乐场合中发挥着调和气氛的作用。

（二）语言的分类

语言可依据不同标准进行分类。以表达方式为标准，语言一般可以分为内部语言与外部语言。

1. 内部语言

通常来说，内部语言包括下面两种：（1）不发出声音的个人内在语言活动，如沉思、默读、默诵时使用的语言；（2）个体的自问自答，不涉及语言交流。因内部语言特殊的使用情况，其最大的特点是隐蔽性。

2. 外部语言

外部语言通常包括书面语言、独白语言和对话语言三种：

（1）书面语言

书面语言是通过文字传播思想观点的主要形式之一，其特点包括正式、规范、计划等。它被广泛运用于各种场合，如学术论文、公文写作等，以确保信息传递的准确性和清晰性。

（2）独白语言

独白语言是文学作品中人物语言的表现形式，是个人抒发感情和表达思想的语言活动。通过独白，人物的内心世界和情感得到展现，使作品更加生动和丰富。

独白语言具有以下几个特点：第一，独白语言一般是有准备、有计划进行的语言活动。第二，独白语言的内容一般为人内心的情感或思想表达。第三，独白语言是个体独自实施的语言活动。

（3）对话语言

对话语言是指两人或多人通过口语表达的形式直接进行交流的语言活

动，如聊天、演讲、座谈等。

一般来说，对话语言具有以下几个特点：第一，合作性。对话语言的合作性体现在对话中的即时反应，鼓励双方积极参与、共同探讨问题，从而促进有效的交流与沟通。第二，直接性。对话语言的直接性意味着它直接用于对话的双方或多人之间，无论时间和空间如何，都能促进交流。第三，简略性。对话语言的简略性使其口语化、非正式，注重简洁明了、言简意赅，使信息传递更加高效。

（三）语言的特点

语言是人类特有的一种交流方式，其特点主要体现在以下几个方面：

1. 创造性

语言的创造性源自其双重性，被称为"能产性"。这意味着语言不仅是一种工具，用于交流信息，更是一种创造性的媒介，能够不断产生新的意义和表达方式。通过新的词汇组合、语法结构或表达方式，语言能够传达全新的概念和思想，并且这些新意义能够被其他人理解和接受。这种人类语言的创造性是独特的，与动物的交流方式有明显区别。动物的交流主要是传递信息，缺乏语言的创造性，而人类语言却能够通过不断组合创造出新句子，这是人类与动物之间的显著区别。此外，语言的创造性还体现在其可以生成无穷无尽的句子。通过增加定语、状语等语言元素，人们可以创造出无数新的句子，进一步展示了语言的创造性和丰富性。

2. 双重性

语言的双重性是指语言具有底层结构和上层结构，分别对应音和义，它们共同构成了语言的基本单位。音，作为底层结构，是构词的基本元素，但本身不具备意义；词，作为上层结构，则具有明确的意义。这种双重性在语言系统中十分重要，确保了语言表达和理解的有效性。然而，这种结构并不是所有语言都具备的特征。例如，动物的交流通常缺乏这种双重性结构，它们更依赖于声音的调节和情感表达，而非词汇的组合。

语言的双重性只存在于元素和与之组合形成单位的系统中。这意味着语言不仅是简单的一系列声音或符号的集合，还是这些元素按照一定规则组合形成的复杂结构。在语言中，为了表达更复杂的意思，需要将底层结构的音组合成词等上层结构，从而形成具有意义的单位。这种组合方式使语言具备了表达丰富意义的能力，同时也增加了语言的复杂性和多样性。

3. 移位性

语言的移位性是指其不受时间控制的能力，能够描述当前、过去或未来的事物，并且不受空间阻隔的限制。这种特性使人们可以在交流中轻松提及历史人物、地理位置等，即使这些事物不在当下的场景中也能顺畅沟通。相比之下，动物受到刺激时往往会做出反应。人类具有更高程度的自主选择权，能够自主决定在交流中提及特定内容。例如，蜜蜂的舞蹈可视为一种移位性的展示，因为它能够指示食物的来源和同伴的方位，但狗无法传达主人是否在家的信息。语言的移位性不仅是交流的工具，还赋予了人们想象力和抽象思维的能力。通过语言，人们能够讨论未来或已发生的事物，超越当下的限制。然而，当词语指代非现实的事物时，交际者需要理解这些词的抽象概念，而非仅在形象化的语境中考虑其意义。这种思维过程需要更深层次的理解和推理能力。

4. 任意性

任意性理论是由著名语言学家索绪尔提出的。其核心在于语言的任意性，是指符号与所指事物之间的关系是任意的。这意味着每个词素的音义关系并非有意设计，而是任意形成的。这一任意性存在不同层次，涵盖了词素的构建、词义的产生等方面。索绪尔的理论揭示了语言的复杂性与多样性，为语言学研究提供了深刻的思考路径。

（1）语素层面

在英汉两种语言中，语素的音义关系具有任意性，尽管如此，拟声词却在这两种语言中都非常常见。拟声词是指词的发音与其指代的声音基本相似。汉语中有许多拟声词，如"砰砰""叮咚""嘘嘘""嘎嘎""滴答""哗啦啦""咩咩"。这些词语的形式通常以天然声音为基础。然而，不同语言中用来描写相同声音的拟声词可能存在很大差异，甚至完全不同。例如，狗叫在汉语中是"汪汪汪"，而英语中则为"bow wow"。

拟声词和任意性是可以同时存在的。举例如下：

The murmurous haunt of flies on summer eves.

夏日黄昏嗡嗡的蝇群。

在济慈的《夜莺颂》中，"murmurous"一词与"summer"和"eves"之间有着密切的联系。这种联系使句子的整体意义更加丰富和完整。词语"murmurous"与"summer"和"eves"共同营造了一种夏夜的微妙氛围，这种氛围正是诗句要传达的意境。若用其他词语替代"murmurous"，则无法再现这种特定的氛围，从而改变句子的整体意义。因此，理解句子的意义对于判断词语使用的恰当性至关重要。

（2）句法层面

句法层面上的任意性并非完全随意，功能语言学派认为，语言句法具有一定的规则性。句法是指按照特定规则构建句子的方式，句子成分需按照一定语言规则排列。句子的分句前后次序与事件真实顺序存在一定的对应关系。相比于词语，句子的任意性较低，尤其在顺序关系上更明显。举例如下：

They stand up and go out angrily.

They go out and stand up angrily.

They go out angrily after they stand up.

许多人认为，第一句是正确的顺序，第二句不符合逻辑。然而，若考虑特殊情况，如坐轮椅的人突然站起来，则第二句也可能是正确的。通过使用"after"调换句子顺序，第三句使句子不再显得随意。从功能语言学的角度来看，功能语言学派指出，语音单位中存在某些任意性，如fish与dish、pin和bin之间的差异。

5. 文化传递性

动物语言信号的遗传性与人类语言信号的习得性呈现明显对比。动物的语言信号是基于遗传获得的，而人类则需要通过文化环境中的教育习得语言。这凸显了语言学习环境的重要性，即使发音器官健全，缺乏语言学习环境也让人无法准确、合适、美妙地表达。狼孩是一个典型例子，尽管具有人类生理特征，但因与狼为伴而失去了人类语言功能。

6. 等级性

语言具有等级性特征。这意味着为了表达离散的意义，需要运用离散单位（如音节）来帮助进行语言解码。音节是语言中的最小单位，它们组合成词、句子和篇章，展现出语言的递进性和生产性。通过对音节的组合和排列，人们能够构建出各种复杂的词和句子，从而实现对丰富意义的表达。这种等级性特征使语言不再是简单的线性结构，而是具备了层次性和结构性，从而更好地满足人类交流和表达的需要。

（四）语言意义生成机制的分析与解释

理论研究的基础在于清晰界定研究维度和框架，以及辨识核心概念。在语言本体论中，关键在于说话人，因其存在于语言之中。语言的主观性和意义在于说话人的意图与能动性。说话人的形象在语言中显现，解释既是说话人的行为，也是语言的编码方式。说话人的解释活动展现了语言解释机制的运作，进而生成语言表达和意义。从语言本体论出发，解释机制需要区分说话人和语言两个维度。解释涵盖说话人的解释活动和语言系统的运作，两者在日常语言活动中高度统一。基于这两个维度，解释机制的分析可区分解释目的、内容、方法、类型、规则和功能等。简言之，解释目的、方法与规则主要考察说话人，而解释内容、类型与功能则侧重于语言自身。说话人的解释目的形成了解释内容，不同解释方法表现为不同解释类型，而遵守解释规则则实现了语言自身的解释功能。

在研究开始之前，有必要对相关概念的理解和使用进行澄清，其中包括说话人和语言这两个方面。从说话人的角度来看，需要区分说话人与听话人、个体说话人与语言共同体、言语行为主体与认知状态主体等概念。首先，人类通过对世界的解释将自身"编码"至语言系统中，从而成为说话人。这种解释机制不仅体现为说话人自身的解释，更影响到听话人的理解，进而体现为对言语的理解。过去的研究表明，解释是理解的前提和基础。在说话人的日常语言活动中，解释扮演着主导角色，而听话人的理解则基于说话人的解释。在语言中，说话人作为主体存在两种方式：个体说话人和语言共同体。个体说话人是具体的个体；而语言共同体则由众多个体说话人构成，是一个更抽象的概念。语言共同体的范围可以大到涵盖全球人类，也可以小到特定的社会群体，如特殊行业、阶层，或者是特定年龄、性别等。因此，言说本身可以被视为一种"共性"，甚至可以说是全人类的语言共同体。在具体的研究中，通常不会刻意强调"语言共同体"这一概念，而是更集中地考察自然语言意义生成的具体、典型体现，即说话人的解释。在必要情况下，具体的研究会区分说话人在话语中的两个存在维度，即言语行为主体和认知状态主体。前者指的是话语的言说者，而后者指的是描述或说明认知活动的话语包含的认知主体。

语言在认知和知识构建中十分重要，其与知识之间存在密切关系。首先，语言与知识密不可分。语言知识、语言活动和语言表达等概念紧密相连，彼此相互依存。解释和表达需要运用知识，同时，解释本身也为知识的构建贡献了内容。其次，语言具有本体论意义。说话者通过语言编码对世界进行解释，而所用语言则是一种语言知识体系。这种语言知识代表着知识系统的语言本体，不同于传统的语言学知识，更深刻地涉及认知和思维的过程。再次，话语与知识密切相关。话语不仅是表达观点的工具，也可视为一种知识形式，在语言哲学和现象学中得到体现。人类知识的积累和发展过程依赖于语言的运用，因此，语言是人类认知方式和成果中不可或缺的一部分。最后，语言活动与知识积累紧密相连。语言活动本质上是知识积累的过程，解释作为语言活动的内在机制，推动着知识的不断演进与扩展。

二、语言与文化的关系

（一）语言对文化的作用

1. 语言反映文化

语言是一种记录、表达的符号系统，可以表达人们的态度、思维、信念、认识等。可见，语言可以反映文化，具体涉及民族心理、风俗习惯及生存环境等层面。

（1）语言反映民族心理

语言是民族文化的载体，反映了民族心理，其中包括伦理道德和价值观等方面。中国伦理道德强调亲属关系，特别是在称谓上注重尊重；然而，在外语翻译中，对亲属关系称谓存在不对等的情况，如将"嫂子"翻译为"sister-in-law"，这反映了外语国家从法律角度来看待亲属关系的民族心理。

（2）语言反映风俗习惯

风俗习惯是特定群体遵守的行为规范，主要体现在礼仪、生活方式、婚姻传统、习惯、信仰、迷信等方面。比如，英国人注重场合，穿着与礼节相关；中国人在他人面前在意形象，言行谨慎；美国人则更倾向于直率地表达观点和看法，相对不太在意此类细节。这些差异反映了不同国家和文化对于礼仪、个人形象及交往方式的不同重视程度，展现了多元文化的丰富性和复杂性。

（3）语言反映生存环境

文化的形成受生存环境的深刻影响。不同的地理、物质和自然因素共同塑造了各种地域文化。这种影响在语言中表现得尤为明显，呈现出各种不同的表达形式，通常是固定的。例如，海洋环境下的航海文化、动植物丰富的地区、气候多变的区域，以及物产资源丰富的地方，都会在语言中形成特定的习语和表达方式。

2. **语言影响文化**

（1）语言相对论

语言相对论，也被称为"弱势理解"。这一理论认为，语言不仅是一种交流工具，更是反映了人的态度、思维方式和信念。与语言决定论相比，语言的作用更多是影响而非决定。因此，不同的语言可能会使人们形成不同的思维方式和认知模式。例如，一些语种的语言可能更注重细节和精确性，而另一些则可能更注重整体和抽象概念，这种差异可能会影响到人们对世界的感知和理解。

（2）语言决定论

语言决定论，又称"强势理解"，主张语言塑造了人的态度、思维方式和信念。这一假说引发了广泛的争议，支持者和反对者均提出了相关证据，至今尚未形成权威说法。随着语言学研究的深入，很少有人完全接受"语言决定思维方式"这一观点，因为现实生活中存在许多例外情况，无法简单地将语言与思维方式画等号。然而，"语言影响思维方式"的观点仍受到许多学者的支持，他们认为语言在一定程度上塑造了人们的思维习惯和认知模式。虽然不能完全接受也不能完全否定这一假说，但可以探讨其在一定程度上的准确性。这种探讨可以通过研究语言与文化之间的关系、语言的发展对思维方式的影响，以及不同语言对同一概念的表达方式等途径展开。通过深入的分析和比较，或许可以更清晰地理解语言对思维方式的影响，并得出更客观、准确的结论。

（二）文化对语言的影响

文化是语言活动的环境，因而文化因素对语言有着重要的作用，主要体现在以下三个方面：

1. 文化是语言词汇象征意义的来源

词汇作为语言的基本结构，承载着丰富的概念与意义。每个词都在其内涵中承载着特定的概念，而这些概念往往受到文化环境的影响。因此，语言中的词汇反映了特定文化背景下人们对世界的认知和理解。词汇不仅是语言的基本单位，更是人类认知世界和赋予世界意义的重要工具。其意义可以分为概念意义和比喻意义两种。概念意义反映了词汇指向的客观事物的特征，而比喻意义则源自文化，也被称为"指称意义"或"象征意义"。不同文化对同一事物的认知可能截然相反，这在词汇的意义上体现得尤为明显。以中国的"龙"（loong）和西方的"dragon"为例，两者在文化内涵上有着天壤之别。在中国文化中，龙（loong）象征着尊贵、威严和权力，被视为吉祥之物；在西方文化中，"dragon"却常被视为邪恶的象征，代表着争斗和毁灭。这种截然不同的文化认知反映了词汇背后文化的差异，凸显了语言对于塑造人们认知和理解世界的重要性。

2. 文化是制约语言运用的决定性因素

语言运用受多种因素的制约，文化是决定性因素之一。文化贯穿语言的方方面面，从词汇的含义到语法结构的使用，都深受文化的影响。语言的运用受到语境的影响，而文化又是语境的主要组成部分。因此，在跨文化交流中，理解对方的文化背景至关重要。文化的决定性作用可以帮助避免语言实际运用中的问题，如误解、冒犯、无礼等。主要表现在以下两个方面：

（1）语言受相同文化背景的影响

即使在拥有相同文化背景的情况下，仍然可能存在语言差异，特别是在名讳的使用上。在汉语中，即使双方拥有相同的文化背景，也可能因为对称、尊卑等因素而选择不同的称呼方式，这反映了文化对语言的影响。

（2）语言受不同文化背景的影响

在汉语中，常见的问候语包括"上哪里去呀？"或者"你去哪里了？"在中国文化中，这被视为一种简单的问候，表达着关怀之情。然而，当用外语翻译时，"Where are you going？"或者"Where have you been？"这可能让外国人感到不适，因为他们认为这涉及隐私。外国人可能会认为这些问题侵犯了他们的隐私权，因为在他们的文化中，这样的问题可能被视为过于私人或不适当。这凸显了文化对于语言运用的重要性，因为同一句话在不同文化背景下可能会产生不同的解读和反应。因此，在跨文化交流中，理解并尊重对方的文化背景和价值观至关重要，以避免误解和冲突的发生。

在对外汉语教学界，存在一种观点，即语言是文化的载体。语言不仅是文化的传播工具，更是文化活动和创造的基础，同时也承载了所有文化积累的信息。因此，更准确的表述应该是"语言是文化的凝聚体"。这一说法的确切性源于以下几个方面的考虑。首先，语言具有原文化的性质。它不仅是意义的代码，更是文化的代码。语言的词汇、句法结构、语气和语调都反映了特定文化的价值观、传统习俗及社会结构。例如，在中国文化中，一些词汇和短语可能会具有特定的象征意义或者寓意，这与中国古代的哲学观念和价值体系密切相关。因此，语言不仅是一种沟通工具，更是文化认同和身份的表达方式。其次，语言包含了所有文化积累的信息。随着时间的推移，每种语言都承载了数千年的历史、传统和文化演变的痕迹。通过语言，人们可以了解一种文化的发展轨迹、社会结构、价值观念及历史事件。例如，古代中国的诗歌和文学作品记录了当时的社会生活、政治风貌及人们的思想感情，成为后人了解古代中国文化的重要窗口。因此，语言不仅是一种工具，更是一本记录着文化传承的"活化石"。最后，语言作为文化的凝聚体，是文化传承和交流的桥梁。通过语言，人们可以传递知识、思想、情感及各种文化元素。无论是口头交流、书面文字还是媒体传播，语言都至关重要。例如，汉语教学不仅是在传授语法知识和词汇，更是在传承中国文化的精髓，让学生更好地理解和融入中国社会。因此，语言更是文化交流和认知的媒介。

文化与语言相互渗透、相互塑造。一方面，语言作为文化的一面镜子，既传承、记录、反映文化，也承载着文化的沉积与传播。语言的衰亡意味着文化记忆的消失，因为语言是文化的载体。另一方面，文化对语言的发展也有着深远的影响。文化的变革驱动了语言的演变，使词汇和语法随之调整。文化创造新词汇以应对新事物或新概念，也塑造了语法结构以反映其特征。动态的文化促进了语言的不断更新与发展，使语言成为文化的精确表达和延续。因此，文化与语言之间存在一种密不可分的关系，文化塑造了语言的结构和含义，而语言则是文化的生动表达和延续。

三、语言交际与文化背景

（一）语言交际的个人意义

人是社会的动物，其存在与社会息息相关，交际是表达这种依赖的主要方式。

首先，语言交际作为人类最基本的需求之一，与马斯洛的需求层次理论相契合。马斯洛将交际需求置于人的基本需求之列，认为人渴望与他人交往，这种渴望源于本能的归属感。从生理层面来看，交际有助于满足人类的社会联系和归属感需求，而这些是人类生存所必需的。除此之外，人的精神需求也包括信息、思想和情感的交流，这些需求同样通过语言交际得到满足。语言是人类思想和情感的载体，通过语言交际，人们传递和分享彼此的想法、情感与经验，这有助于促进人与人之间的情感连接和心理健康。因此，语言交际不仅是一种社会行为，更是人类生活中不可或缺的一部分，不仅满足了人类基本的生理需求，还有助于满足人们在精神层面的需求，进而构建和谐的社会关系。

其次，语言交际在促进人们身心健康和积极发展方面至关重要。根据培根的观点，分享快乐能够增加快乐，而分担痛苦则能够减轻痛苦。这种情感交流的过程既加强了人际关系，也有助于个体的情绪调节和心理健康。此外，通过倾诉和宣泄愤怒或悲愁，个体能够减少心理压力和恐惧感，保持心理平衡，从而更好地应对生活中的挑战。

最后，语言交际也是增长知识和见闻的有效途径。这种交际过程本身就是一种吸收能量的过程，通过与他人交流，个体不仅能够获取新的知识和见闻，还能够不断提升自身的能力和素养。交际是一个双向互动的过程，在接收信息的同时，也在传递信息，通过与他人的讨论和交流，个体的思维能力与表达能力也会得到锻炼和提升。通过与不同背景、不同经历的人交流，个体能够开阔自己的视野，提高自己的综合素质，从而更好地适应社会的发展和变化。

（二）语言交际的构成和方式

1. 语言交际的构成

语言交际主要由交际主体、交际环境和交际工具——语言构成。

语言交际主体是说话人，因为没有说话人，就无法构成语言交际活动。在语言交际活动中，说话人和听话人分别扮演交际的主体与客体的角色，而这些角色不断变化和转换。这种转换可能源于谈话的主题、角色之间的关系及环境的变化。语言交际环境是客观存在的，始终伴随着语言交际活动的展开。这种环境与语境有相似之处，但也存在一些差异。语境指的是语言环境，而语言交际环境更侧重交际中的语言环境。具体来说，语境包括社会背景、时空场合、交际对象等因素，而语言交际环境则更注重交际中的语言环境，如对话的内容、情感状态，以及参与者之间的关系等。因此，尽管语境和语言交际环境有着相似之处，但它们的重点和侧重点不尽相同。语言交际活动的有效进行需要说话人和听话人之间的互动，而这种互动则在特定的语言交际环境中展开。

在语言交际中，各种因素交织在一起，共同构成了一个复杂而精密的环境。首先，语言交际环境的组成要素包括社会环境、时代背景、具体的交际时间、空间场合及交际双方的关系。这些因素相互交织影响，塑造了每次交际的特殊性和独特性。其中，交际双方的关系尤为重要，因为它在语言交际中起着重要的制约和决定作用。交际双方之间可能存在多种关系，如亲密关系、权力关系、社会地位关系等，这些关系决定了交际的话语选择、语气和态度。在具体的时空场合下，这些关系可能会凸显出来，进而影响交际的内容和方式。例如，在正式场合下，权力关系可能更加突出，交际双方可能会更加谨慎和正式；而在亲密的家庭环境中，交际双方可能更加放松自在，交流更加直接。因此，交际的内容和方式会因时空环境而异，表现出多样性和灵活性。

　　然而，无论在何种时空环境下，语言始终是交际的工具，其作用是承载信息、文化和情感。关键在于如何使用这个工具。一个人的语言运用能力不仅体现了其语言水平，更体现了其社交技能和情感表达能力。因此，在语言交际中，重要的不仅是语言本身，还有语言的运用方式和技巧。善于运用语言的人能够更好地表达自己的思想和情感，更好地与他人沟通交流。

　　2. 语言交际的方式

　　语言交际作为人类交际的核心方式，在传递信息和沟通交流中具有不可替代的作用。它是一种复杂的音义结合符号体系，其他交际方式无法与之相比。语言交际可以分为口头交际和书面形式的交际，口头交际主要包括"听"和"说"，书面交际则涉及"读"和"写"。完整的语言交际能力应该涵盖听、说、读、写等方面，以便能够在各种情境下进行有效的交流。

　　口头交际与书面形式的交际不同于口语交际和书面语交际。口语交际更侧重口头表达，注重语速、语调、非语言表达等方面；而书面语交际则更加正式，使用的语言更加规范、精确。书面形式的交际以文字作为工具，能够弥补口头交际的不足。例如，它不受时间和空间的限制，可以通过书信、邮件等方式进行交流，方便灵活地选择表达方式。这种特点使书面形式的交际在跨越距离、传递深层次信息时尤为重要。此外，书面形式的交际也更有利于传递一些难以启齿的内容，减少尴尬和压力。例如，初恋时通过书面形式表达爱慕之情，可以让人更加从容和深思熟虑，避免了当面表达可能引发的尴尬和紧张。因此，书面形式的交际不仅能在正式场合中发挥作用，还能在私人关系中扮演重要角色，为人们提供了一种舒适、深入的交流方式。

语言交际的研究一直着重于口头交际，但现今更加注重听与说的平衡。听作为语言交际的重要组成部分，被视为说好的基础。口头交际中的讲通常是有准备的，面向特定的听众，但缺乏谈话中的语言暗示和配合。讲的能力体现在成篇表达上，如演讲、报告、讲课等，它要求对主题有深入的理解和结构化的表达能力。相比之下，述是陈述、复述的过程，是基础性口头交际能力的锻炼，注重对事实或观点的客观表述，而不涉及个人观点或情感色彩。谈则是最常见、最重要的口头交际形式，体现了交际能力和水平，要求参与者能够理解对话内容、及时做出回应，并适应对话的节奏和情境。说是口头表达的一种方式，不一定需要听众，可以是重复他人的话语或个人的独白，强调的是表达个人的观点、感受或想法。在语言交际中，要清楚讲、述、谈、说的区别，它们的语言形式有时不能互相替代，因为它们在交际目的、方式和表达方式上存在明显差异。因此，理解并掌握这些口头交际的不同形式，对于提高语言交际能力和实现有效沟通至关重要。

（三）文学语言与文化背景

语言与文化密不可分，因为语言承载了丰富的文化内涵。每种语言都是其所在文化的反映，不同国家拥有独特的语言和文化习俗，使跨文化交流受到文化差异的影响。实际上，语言本身就是文化的载体，文化根植于语言之中。以翻译为例，这种联系尤为显著。翻译不仅是简单地转换文字，更是一种复杂的过程，翻译者需要熟练掌握两种语言并深刻理解两种文化，才能确保翻译的准确性和流畅性。在翻译过程中，语言和文化的差异至关重要。翻译者需要考虑如何最好地表达原文的含义，并在新的语言和文化环境中传达相同的信息。这不仅需要语言的精通，还需要对文化背景的深刻理解。因为文化的背景可以影响某些词语或表达方式的含义，甚至可能导致翻译的误解。因此，在翻译过程中，翻译者需要敏锐地意识到这些文化差异，并灵活运用各种翻译技巧来应对。另外，固有文化并不完全不受外来影响。跨文化交流通过翻译推动着各国自身文化的繁荣，人们可以了解和借鉴其他文化的精华，从而丰富自身文化。这种文化的交流与融合不仅促进了各国文化的发展，还为世界文明的进步做出了积极的贡献。事实上，文化交流是人类社会发展的必然趋势，推动着世界文化的多样性和丰富性的发展。

语言作为文化的一部分，承载着文化的内涵与特征，而文化则是语言活动的大环境。文化存在于语言文字中，并深植于使用该语言文字的民族的知识结构中。这种紧密的联系使语言中的文化因素与人们头脑中的文化意识相互作用，共同完成人际交流任务。然而，一旦改变或失去了原有的文化环境，或者语言系统发生了变化，文化与语言的联系便会被中断。此时，仅依靠语言本身的概念意义，交流任务可能会变得困难甚至失败。语言不仅是文化的一部分，还是文化的载体。各种文化通过语言传播、交流、发展、延续。在语言中，各种文化因素都可以找到根源，语言文字中处处带有文化烙印，语言活动中时时可见文化踪迹。然而，由于在不同的文化背景下，即使语言表达准确无误，也可能产生误解。同一词或表达方式对不同的人具有不同的意义，这种文化差异有时会使严肃问题的表达不当引起笑声，有时会使无意的话语引起不快或愤怒。因此，在进行跨文化交流时，除了语言的准确运用外，还需要深入了解对方的文化背景。只有通过对文化的尊重与理解，才能更好地避免误会，从而促进有效的交流与沟通。

第三节　外语教学中的语言与文化

一、语言文化教学的模式探讨

（一）语言文化教学中的几种模式

1. 兼并语言教学模式

兼并语言教学模式在外语教学中的优点显而易见，其高可行性使之成为快速有效的学习方法，既能够节省大量时间，也能帮助学生迅速了解目标文化。兼并语言教学模式将文化教学明朗化，使文化学习成为语言课程的有机组成部分，而不仅是一个附加元素。通过这种模式，学生能够在学习语言的同时，自然地接触到相关的文化背景知识，从而获得更全面的语言能力。然而，兼并语言教学模式的概念也存在一定的局限性。该模式主要依赖外加的文化知识传授，缺乏实际交际应用的机会。这种教学模式可能导致学生对文化的理解停留在表面，无法真正应用于实际的跨文化交际中。学生虽然对目标文化有了一定的了解，但在实际交流时仍可能会遇到困难。因此，针对我国外语教学的现状，应将培养文化意识和跨文化交际能力作为中心目标。在教学中，不仅要传授语言知识和文化背景，还要通过模拟情境、角色扮演等实际应用方式，帮助学生在真实情境中运用所学知识，提高他们的跨文化交际能力。

2. 交际语言教学模式

在背景方面，交际语言教学模式在全球范围内流行时，正值我国改革开放，这一契机使其迅速在我国外语教学界引起了广泛关注。交际语言教学模式的核心理念在于强调语言与文化的不可分割性，认为语言教学和文化教学应该自然有机地结合在一起，体现了语言形式与文化内容的内在联系。这种教学模式的进步意义在于，它从"语言知识中心论"发展为"文化行为中心论"，标志着语言和文化的真正融合，不再是简单的加法组合，而是有机的整合。然而，交际语言教学模式并非没有缺陷。其主要问题在于，这种教学模式倾向使用以功能和意念为主线的教学大纲，取代以语言结构为基础的教学大纲，导致文化教学缺乏明确的目标。尽管该模式假设社会文化因素潜移默化地影响着人际交往，文化教学在自然过程中进行，但实际上，文化能力和交际能力之间存在区别。文化能力更多地涉及社会文化行为和事实，较少涉及语言形式，这与交际能力的要求有所不同。因此，虽然交际语言教学模式在理论上强调文化与语言的结合，但在实际教学过程中，如何平衡语言形式与文化内容的教学仍然是一个挑战。

3. "附加式"文化教学模式

"附加式"文化教学模式的引入和盛行引发了我国外语教学的深刻变革，极大地促进了语言与文化研究的热潮。在这种教学模式下，文化教学的重要性逐渐受到外语教育工作者的重视，并被视为外语教育不可或缺的部分。外语教育不仅是语言的习得，还是涉及第二文化的习得，两者密不可分。通过这种教学模式，文化被视为一种"行为"，其目标是培养学生的"交际能力"。这一目标有助于解决传统外语教学中的"哑巴外语"和"聋人外语"问题，即学生虽能够理解和表达语言，但缺乏实际的交际能力。然而，在当前的语言文化教学中存在一些误区，其中一个主要误区是将文化视为听、说、读、写四项语言能力之外的"第五技能"。这种"附加式"文化教学模式源于交际法的一些经典文件对文化教学的认识，但这种模式可能忽略了文化与语言教学应当是融合而非割裂的观点。"附加式"文化教学模式的优势在于将文化教学纳入语言教学的核心，通过实际的交际活动，学生能够更全面地理解和使用所学语言。然而，将文化视为附加技能的做法限制了学生对语言和文化的整体把握，阻碍了他们在实际交际中的灵活应用。

（二）外语教学中文化教学的目标定位

1. 提高跨文化交流意识

传统观点认为，第二语言和文化的习得过程是一个归化于"目的语文化"的过程，即学生通过接触和适应目的语文化，实现语言能力的提升。在这种观点下，二语习得的语言地道性被视为合理的目标，学生应努力使其语言表达接近本族人的水平。然而，第二文化习得中的"文化同化"现象不应被视为外语教学的成功标志。原因在于，学生在情感上难以完全接受这种"文化同化"，并且目的语社会也未必会真正接受这些"同化"的外语学生。事实上，文化教学的真正目的是通过跨文化对话，培养学生的跨文化交流意识和理解意识，而不是简单地模仿和同化目标文化。因此，在外语学习过程中，母语文化与第二文化应该强调互动性，而非将学生完全"外国化"。

2. 文化融合的目标：1+1＞2

在外语学习过程中，目的语水平与母语水平相辅相成，促进学生的潜能得到充分发挥。学生通过对目的语的学习，不仅提高了外语能力，还加深了对母语的理解。目的语文化与母语文化的鉴赏能力相互促进，形成生产性学习模式，有助于外语教学中的文化教学。文化教学的目标不是使学生归化于目的语文化（削减性学习）或简单地累加两种文化（附加性学习），而是在学生身上形成母语文化和第二文化的互动，培养学生的文化创造力。通过目的语学习，学生不仅是学习一门语言，更是打开了另一种文化的大门。这种文化的融合与互动，不仅加深了学生对外语的理解，更丰富了他们的文化视野，提高了他们的跨文化交际能力，培养了他们的文化创造力和全球意识。

（三）外语教学中文化教学体系的构建

在外语教学中，不仅要关注听、说、读、写，更应该将培养交际能力作为目标。这一观点已在外语教育界得到广泛认同，外语教学任务的重点在于培养具有跨文化交际能力的人才。然而，我国外语教学长期忽视了外语的文化因素，尤其是交际文化。虽然国内学生在外语考试中取得高分，但其交际能力与之不相符，主要原因就在于未能掌握跨文化因素。因此，外语教学应当更加注重培养学生的跨文化意识，使他们能够在实际交流中更加自如地运用所学语言，促进跨文化交际的顺利进行。

1. 构建外语教学中文化教学体系的必要性

长期以来，国内外语教育界在外语教学中往往未充分重视文化教学，更倾向语言形式而非语言运用和文化习得。主导教学思想偏向于传统的语法翻译法和听说法，却忽略了语言与文化之间的密切联系。即便在采用交际法进行教学时，仍然存在对语言形式的过度关注，而文化教学则被边缘化。在国内，语言理论研究长期以来主要偏向内部语言学，而忽视了语言与文化的深入研究。近年来，外部语言学研究逐渐兴盛，但对语言与文化的研究仍缺乏系统性和深度，这限制了文化教学的发展。此外，外语教师中只有相对较少的人曾去过外语国家进行考察，因此许多教师缺乏对外语国家文化的了解。在教学中，文化教学变得更加困难，因为教师缺乏亲身体验和深入了解，无法真正将文化融入教学中去。

因此，需要加强教学思想上对文化教学的重视。这包括在教学理论和实践中更加注重语言与文化的紧密结合，推动从传统的语法翻译法和听说法向更加综合的语言文化教学方法的转变。同时，需要加强语言与文化研究的系统性，以便更好地理解和运用文化教学。这意味着，要在教育体系中加强对文化教学的融入，构建起外语教学中的文化教学体系，使之成为教学的一个重要组成部分。通过这些努力，能够有效解决当前外语教学中存在的文化教学不足的问题，让学生更好地掌握外语，同时更深入地了解外语国家的文化。

2. 构建外语教学中文化教学体系的可行性

文化研究虽然是一项复杂而又深远的任务，但并不意味着文化是无法把握的。事实上，每种文化都有其独特的"文化核心"，这是由其传统观念和价值系统构成的精髓。这个核心不仅是文化的灵魂，还是构建文化体系的基石。通过深入研究文化核心，人们可以更好地理解和解释某一文化的各种表现形式，如语言、艺术、习俗等。

外语教学中的文化体系构建同样具有可行性，因为它主要涉及交际文化。交际文化包括不同文化背景下交际的语言和非语言文化因素。在外语教学中，通过对这部分内容进行系统总结和教学，可以帮助学生更好地理解和运用目标语言。例如，教授外语时不仅要传授语法和词汇，还要让学生了解目标语言所承载的文化内涵，如礼节、礼貌用语、社交习惯等。

3. 构建外语教学中文化教学体系的基本原则

构建外语教学中的文化教学体系，既要注意体系构建的科学性，又要着眼于这一体系在外语教学实践中的可操作性。

（1）重点明确

在国内的语言文化研究中，常见的现象是简单罗列中外文化对比的细节，而缺乏系统的科学考察，甚至出现牵强附会的"对比"。这种倾向在构建外语教学中的文化教学体系时尤其需要避免。相反，应该系统归纳影响外语交际有效性的跨文化因素，以提升教学实践的操作性。

（2）注意文化体系与语言体系的密切联系

因为语言与文化相辅相成，不可割裂。文化应渗透到语言教学的各环节，实现有机结合。

（3）对比中外文化的异同

跨文化交际的目的在于增进理解和交流。重视文化差异并非简单地排斥或盲目模仿，而是培养学生的跨文化交流意识和理解能力。

（4）要构建成一个开放式的体系

文化是多元和变化的，试图对其做归纳性描述会存在一家之言的倾向。因此，应避免过度规定式的文化构建，以免学生形成文化定式的倾向。

二、外语教学中的母语迁移

（一）语言迁移对外语教学的影响

在二语习得中，语言迁移现象涉及各个层面，如语音、词汇、句法、语用等。

1. 语音层面

语音迁移在语言迁移中较为显著。在外语学习中，外语的/b/ /d/ /p/等与汉语相似的音容易形成正迁移，但两种语言的音素不对应，给中国学生带来发音上的挑战。外语依赖语调区别字义；而汉语则是声调语言，靠声调区别字义。这种差异使中国学生在模仿外语语调时常出现偏差。因此，中国学生需要通过刻意练习和反复纠正来克服这一困难。同时，语音教学应该结合语音迁移的规律，注重对比分析，帮助学生理解并克服不同语音系统之间的差异，从而提高他们的外语发音水平。

2. 词汇层面

外语词汇的丰富性是语言学习的一大特点，随之而来的是一词多义、一词多性的现象。在二语学生中，这种情况更普遍。他们往往受到母语的影响，造成词性错误、词语搭配错误以及词义误用等问题。以中国式英语为例，常见错误包括将"笔记本电脑"误称为"notebook computer"，将"跑车"错误地说成"run car"。此外，英汉两种语言在可数名词与不可数名词的划分上存在差异，常常导致学生的误用，如将"一个女警察"错误地译为"a woman police"。

尽管存在这些问题，但外语和汉语在动作动词的词汇化上有许多共同点，词汇化模式基本匹配，对应持续系统。这种相似性在语言习得中起着积极作用。即使母语和目的语在类型学上不相关，也可能发生正迁移。这意味着，学生可以利用他们在母语中已经掌握的知识和结构来学习新的语言。需要注意的是，这种相似性也可能导致负迁移，即错误地将母语的结构应用到目标语言中。

3. 句法层面

外语与汉语作为不同语系的语言，句法结构存在明显的差异。在通常情况下，外语的语序为主语、谓语、宾语，而汉语则具有更灵活的语序。这种句法差异导致了语序、表达结构及关系从句等方面的句法迁移现象。另外，汉语缺乏严格的形态变化；而外语的形态变化则更丰富和复杂，使外语学生在省略、一致、词序、回避、重复等方面易于出现错误。特别是在连词的使用上，汉语中常见的连词短语在外语中往往并不存在，这也是句法负迁移的体现之一。由于中国学生受到母语汉语的影响，他们往往会出现连词并用的负迁移现象，进一步增加了外语学习的难度。因此，针对这些句法差异和负迁移现象，教学应重点强调句法结构的比较和差异，引导学生理解并适应外语的句法特点；同时，通过大量的语言输入和实践纠正错误，提高学生的语言运用能力。

4. 语用层面

在跨文化交际中，文化差异往往导致语用的迁移。中国学生在使用外语时受到母语汉语和中国文化的影响，往往误用汉语的语用规则，从而出现语用迁移现象。此外，民族文化模式也对交际方式产生影响。寒暄、致谢、抱歉、谦让等交际行为在不同文化背景下具有特定的模式，因而影响了交际方式的表达和接受。个人隐私观念的不同也是跨文化交际中的一个重要因素。在中国，人们常常会问及个人隐私，如年龄、职业、收入、婚姻等；在西方，这种行为可能会被视为粗暴干涉隐私，导致交往中出现不适感。此外，对赞美的反应也是一个显著的文化差异点。西方人通常会直接接受赞美并表达感谢，而中国人则更倾向于含蓄、谦虚，这种不直接承认的语言表达可能会导致双方交际中的误解或沟通障碍。因此，了解文化差异对跨文化交际至关重要，可以帮助人们更好地理解并适应不同文化背景下的交际方式，促进跨文化的交流和理解。

（二）语言迁移对外语教学的启示

语言迁移在第二语言习得过程中至关重要，然而，母语干扰是一个无法完全消除的障碍。研究表明，母语对学习第二语言的影响是普遍存在的，尤其是在词汇、语法和语音等方面。因此，教师在教学中十分重要，他们应该采取一系列措施降低母语干扰，促进母语的正迁移，以提高外语教学的效果。

首先，他们需要在教学中平衡语际共性和异性。这意味着教师应该充分利用学生的母语知识，将其与目标语言进行对比和联系，以帮助学生更好地理解和掌握外语知识。同时，教师也需要注意不同语言之间的差异，避免将母语结构直接套用到外语学习中，从而减少母语干扰的可能性。

其次，为了提高学生的信心和动机，教师应创造一个积极的学习环境，鼓励学生积极参与语言学习。这可以通过组织各种语言活动、提供丰富的语言输入和及时的反馈来实现。同时，教师还应该减少汉语在课堂上的使用比例，创造一个外语交际的环境，帮助学生提高外语交际能力。

再次，除了专注于外语学习外，教师还应该鼓励学生保持对母语知识和文化的关注。毕竟，母语是学生思维的基础，对于理解和掌握外语也有着积极的作用。因此，教师应该引导学生在学习外语的同时，不忽视母语知识和文化，提高他们对文化差异的敏感性，从而更好地融入目标语言的环境中。

最后，教师还应该注重培养学生的认知能力，促进其外语学习能力的提高。这包括帮助学生发展语言分析、推理和解决问题的能力，以及提高他们的学习策略和自主学习能力。通过这些方式，学生将能更有效地处理语言迁移带来的挑战，从而提高外语学习的效果。

三、外语教学中的文化因素

（一）外语教学中文化因素的影响

1. 外语阅读课中文化因素的影响

在外语阅读理解过程中，反映文化背景知识的部分可分为以下几个层次：

（1）文化内涵词

英汉两种语言的词汇反映出各自独特的文化价值观念。语言和文化不可分割，文化的价值在该文化的语言词汇中得到反映。外语中的一些词的字面意义与背景意义差异很大。这种差异揭示了不同文化之间认知模式和社会结构的区别。

（2）穿插在文章中的社会文化意识

中国人和英国人对东风与西风的感受截然相反。在汉语中，东风象征着温暖和舒适，西风给人带来寒冷的感觉；在英语中，情况则完全相反，"biting east winds"表达着刺骨东风的感觉，西风被描述为"west winds with musky wing"。这种语言差异源于中西方自然环境的差异。在中国，东风温暖，给人以舒适的感受，而西北风往往寒冷刺骨；在英国，东风来自欧洲大陆北部，带来的是寒冷，而西风则来自大西洋，温暖宜人。因此，在阅读外语文章时，了解这种语言差异对于读者把握文章的思路和正确理解其内容至关重要。这种差异可以帮助读者更好地理解文章中描述的环境和情感，从而更准确地解读作者的意图和观点。因此，文化背景和语言习惯对于文本理解起着至关重要的作用，了解这些差异有助于读者更好地理解和沟通跨文化的内容。

2. 外语写作课中文化因素的影响

汉语和外语在句子结构与语言表达上存在显著差异，这些差异对中国学生外语的写作产生了深远影响。首先，汉语是话题突出的语言，而外语如英语则是主语突出的语言。这种结构特征的差异决定了两种语言在句子组织上的不同。在汉语中，话题的重要性高于主语，句子的主题常通过突出话题体现；在外语中，主语必须放在动词前，并且主语和动词之间的数必须一致，这一点在汉语中并不做严格要求。由于这种句子结构的差异，中国学生在外语写作中常过度使用汉语式的话题突出句子结构。在汉语的句子中，虽然主语的位置和重要性并不如外语那样关键，但话题的概念至关重要。因此，中国学生在进行外语写作时，容易受汉语思维的影响，写出过多强调话题的句子，而忽略了外语的主语—动词的一致性要求。这种现象在外语写作中表现为句子结构不自然、不流畅。

此外，时间状语的使用也体现了汉语和外语的显著差异。在外语中，动词本身就包含了时态信息，因此通常不需要额外的时间状语来表明动作发生的时间。例如，英语句子"she is reading now"中的"is reading"已经明确了正在进行的动作，后面的"now"显得多余。在汉语中，动词的时间表达功能相对较弱，因此需要频繁使用时间状语补充时间信息。这种表达习惯也常导致学生在外语写作中添加不必要的时间状语，从而使句子显得冗长和重复。复数表达的差异也是一个重要方面。外语，特别是英语，使用语法词素表达复数。例如，通过在名词后加"-s"或"-es"。汉语主要依靠词汇手段表达复数，缺乏相应的语法词素。这种差异使中国学生在外语写作中，容易过度依赖词汇手段，而忽视了语法上的一致性。例如，学生在写"some years ago"时，往往不考虑"some"在句子中的必要性，因为在汉语中，类似表达的复数概念需要通过词汇实现。

（二）文化因素在外语教学中的重要性

文化与语言存在密不可分的联系。母语习得不仅是一个语言学习的过程，更是一个文化浸润的过程。通过学习母语，个体在无意识中吸收了丰富的文化元素，包括价值观、社会规范和行为方式，逐渐塑造了个人的自我认同。在外语学习的过程中，自我认同常会带来负迁移作用，形成"自我疆界"。这种现象表现在学生倾向于依赖母语的知识体系、熟悉的文化思维方式去理解与评估外语及其文化。这种无意识的行为模式可能会限制学生对新语言和文化的开放性与接受度，从而影响外语学习的效果。掌握外语的语音、词汇和语法固然重要，但要进行有效的跨文化交际，文化背景知识同样不可或缺。仅凭语言知识，学生难以理解并准确地参与目的语文化中的交流。文化背景知识的匮乏常常导致误解和交际障碍。近年来，人们对语言与文化、文化与交际关系的认识逐渐深入，越来越强调语言与文化的不可分割性，以及文化在跨文化交际中的重要性。

外语教育中的文化教育传统上多注重目的语文化的导入，常局限于社会风俗习惯等方面，这种视角较为片面。事实上，外语教育不仅要关注目的语文化，还要重视母语文化，促进双语文化的交叉交际。双语文化交际的目标是让学生能在不同文化之间自由切换，并能准确传达各自文化的独特性。学习外语的最终目标是实现双语文化的交融。然而，如果缺乏对目标文化的深刻理解或无法用外语准确表达文化内涵，那么学生往往会在交际中出现失误甚至终止交流。因此，必须摒弃认为母语文化对外语学习关系不大或不必融入外语教育的观点。相反，外语教育应将两种文化进行比较，发掘母语文化在外语学习中的正迁移作用。文化比较教育在外语教学中具有重要意义。通过比较母语文化和目的语文化，学生可以更加清晰地理解两者的异同，从而在外语学习中更好地利用母语文化的正迁移作用。这不仅有助于增强学生的文化敏感性，还能提高其跨文化交际能力。

1. 培养学生文化能力的重要性

外语教学的核心目标是培养学生的交际能力，不仅包括语言的基本使用能力，还涉及更深层次的社会文化理解。交际能力的四个重要特征分别是语法性、适合性、得体性和实际操作性。其中，适合性和得体性实际上体现了语言使用者的社会文化能力，要求在具体情境中合乎社会规范地使用语言。具体而言，交际能力包括语法能力、社会语言能力、语篇能力和策略能力四个方面。社会语言能力是指在不同交际场合中，根据话题、说话人身份和交际目的等因素，恰当地理解和表达话语，这相当于社会文化能力，体现了对语言和文化的深刻理解与灵活运用。因此，外语教学不仅是教授语法和词汇，更重要的是培养学生的社会文化能力或跨文化交际能力，使他们能够在全球化背景下顺畅地进行跨文化交流。

2. 文化教学的基本原则

文化教学不仅是将英美文化引入，更是注重历史进程中的社会发展、民族交往和文化传播，这些因素为语言间的相互影响和渗透提供了基础。文化教学反对将一种文化强加在另一种文化之上，强调尊重和包容。在跨文化交际教学中，应树立平等交流的意识，求同存异，注重多样性的理解和包容。交际双方应跳出自我文化的价值束缚，透彻了解双方的民族文化心理，以对方的文化价值观来看待和评价对方的行为。通过变换视角，双方能够更好地理解和尊重彼此的文化，从而实现有效的跨文化交际。

在文化教学中，要坚持以下几个基本原则：

（1）对比原则

对比原则强调将本土文化与目的语文化进行对照、比较，不仅要找出相同点，更重要的是发现文化差异。通过这种对比，可以增进对目的语文化的理解，并进一步了解不同国家和民族的思维方式与价值取向。这种理解有助于解释不同的文化行为，避免用自身的标准去解释他人的行为，从而提高对异文化行为的包容性和理解力。此外，通过对比原则，人们可以提高鉴别文化的能力，避免盲目吸收目的语文化中不适合自身的部分，显著提升个人的跨文化交际能力，在交流中更加得心应手。

（2）吸收原则

文化同化、文化保存和文化适应是跨文化交流中常见的三种态度。文化同化是指个体舍弃本土文化，完全接受目的语文化的生活方式和价值观念。这可能导致文化的丧失和文化认同的混淆。文化保存则相反，个体选择保留本土文化，拒绝目的语文化的影响，强调文化传承和保护。然而，这种方式可能导致文化的封闭和僵化，阻碍文化的发展与更新。文化适应是在融合目的语文化的同时保留个体本土文化的生活方式和价值观念。这种态度要求个体在跨文化交流中保持开放心态，不断学习和适应新的文化形式，同时保持对本土文化的认同和尊重。在文化适应的过程中，吸收原则至关重要，是指个体在接受目的语文化的同时，对母语文化有益的部分进行吸收、改造、融合，使其成为母语文化的一部分。这符合鲁迅先生倡导的"拿来主义"原则，即在吸收外来文化时不是盲目模仿，而是通过精心筛选和改造的过程，将其有益的部分融入本土文化中。这种"拿来"是一种有选择性的吸收，有助于个体在文化交流中实现自身的发展与进步，同时也有助于保护和传承本土文化的精髓。

（3）相关性原则

文化教学的关键在于遵循相关性原则，确保教学内容与课本密切相关。教师的任务是传授与课文相关的文化信息，同时，紧密联系学生的语言知识。考虑到学生的未来职业需求，文化内容应与语言交际实践相结合，以帮助他们在未来的职场中运用所学知识。文化教学的目标不仅在于传授文化知识，更重要的是帮助学生正确理解和掌握语言知识，并能进行跨文化交际，从而促进他们语言能力和文化素养的全面发展。

（4）阶段性原则

文化移入是包含四个主要阶段的过程。首先是陌生阶段，学生在这个阶段体验到新文化，但尚未意识到文化差异的重要性；其次是危机阶段，学生在这个阶段开始意识到文化差异，并感到困惑和不适；再次是调整阶段，学生在这个阶段逐步接纳并认同新文化，开始融入其中；最后是还原阶段，学生在此阶段尽管可能恢复到自然状态，但并非完全接受新文化。

在这四个阶段中，第三个阶段最为关键。在调整阶段，学生感受到社会距离缩小，同时承受着认知和情感上的紧张。这个阶段是语言学习的关键时期，学生面临着语言学习的压力，但也推动着语言学习的进程。

为了有效引入文化内容，阶段性原则至关重要。教师需要根据学生的语言水平和接受能力确定内容，采取渐进的方式引入文化内容，由浅入深、由简单到复杂、由现象到本质。这样可以帮助学生更好地理解和接受文化内容。

在贯彻阶段性原则时，教师还应注意文化内容的内部层次和一致性，避免教学内容零碎化。虽然词语文化相比话语文化更简单，但也涉及文化的多个方面。因此，在教学中需要充分考虑这些因素，做出合适的选择，以帮助学生更好地理解和接受文化内容。

第五章 跨文化外语教学新方向

第一节 跨文化交际理论应用于外语教学的原则与方法

随着社会的发展、科技的进步，人们学习外语的热情越来越高涨，因为外语在跨国交往中发挥着重要作用。由于中西方文化存在诸多差异，外语教学在某种程度上就是不同文化的传授与学习。要想有效开展文化教学，就必须遵循科学的教学原则，在此基础上选择适当的教学方法。

一、跨文化交际应用于外语教学的原则

（一）循序渐进原则

外语学习并非一朝一夕就可以完成的，外语水平的提高也不是一天两天就能实现的，提高外语水平需要耗费大量的时间和精力，不可能一蹴而就。事实上，外语学习应被视为终身的过程，要求学生持续地学习和提高。在跨文化教学活动中，教师需坚持循序渐进的原则，由简到难地设计任务。初期的跨文化教学活动应该设置简单的任务，随着学生能力的提高逐渐增加难度。通过完成任务，学生不仅增强了自信心，还获得了成就感。然而，如果活动的难度过大，学生就可能会产生自卑心理，对其身心发展不利。

（二）针对性原则

在传统的外语课堂教学中，教学大纲、教学目标、教学计划、教材等均是为全体学生设计的，学生所学知识与技能基本相同，难以照顾到学生的智力、能力、性格等个体差异。跨文化教学通常具有丰富的内容与多样的形式，可以弥补传统课堂教学的缺陷，实现因材施教。为将每位学生的

潜能都发挥出来，应根据不同学生的特点采用不同的活动形式。

（三）趣味性原则

在传统教学中，学生的情感过滤层容易升高，导致紧张焦虑情绪，难以接受理解性语言输入。参加跨文化教学活动可以降低这种过滤层的影响，使语言更易被吸收。通过跨文化教学，学生置身于实际语言环境中，不只是通过教科书上的文字，而是在与母语为非目标语言的人的互动中学习。这种沉浸式的学习方式有助于缓解学生的紧张情绪、减轻焦虑感，使他们更容易接受和理解语言输入。此外，趣味性对语言学习有利，跨文化教学应确保活动具有趣味性，教师需营造外语学习氛围，提高学习效果。通过丰富多样的活动形式，如角色扮演、游戏、文化交流等，激发学生的学习兴趣，增强他们的参与度和专注度。

（四）分别组织原则

跨文化教学应遵循分别组织原则，根据具体情况分别组织不同的活动。外语跨文化活动通常有大型集体活动、小组活动和个人活动三种类型，其中小组活动最为常见。教师应结合学生的外语水平、个人兴趣将其分为不同的小组，如表演小组、会话小组、戏剧小组等，使学生的个人才华得以充分发挥。

个人、小组以及大型集体活动相互影响、相互作用。大型集体活动的效果取决于小组活动的质量，小组活动的效果则取决于个人活动的质量。教师在组织外语跨文化活动时，应合理安排这三类活动形式，使三者相互配合，最终提高跨文化教学的成效。

（五）及时总结原则

跨文化教学对教学效果的提升至关重要，因为它有助于学生跨越文化差异，拓宽视野。活动结束后，教师应及时分析与总结。这个总结应包括活动中取得的进步和遇到的问题，并深入找出问题的根源。总结的形式应根据具体活动而定，可以是小组讨论、问卷调查或个人反思等。这样的总结不仅有助于提高教学质量，也为未来的跨文化教学提供了宝贵的经验。

（六）情感性原则

情感性原则是外语教学过程中需要遵循的重要原则。情感因素在人类的各种活动中都发挥着不容忽视的作用。因此，为将学生的积极情绪调动起来，教师应采取有效手段使学生在外语学习过程中获得积极的情感体验，进而将积极情感对外语学习的促进作用充分发挥出来。

情感性原则具体涉及以下三个方面：

1. 以情施教

根据以情施教原则，教师为使情感与知识融为一体，应在授课时引入积极的情感，从而实现以情促知，达到情知交融。因此，教师首先要将自己置于积极的情感之上，才能带动学生的情感积极性。

2. 寓教于乐

寓教于乐原则旨在让课堂教学活动在学生快乐的情绪下进行。这就要求教师能够预测和把握好一切变量，使学生乐于接受、乐于学习。值得注意的是，教师应当把调节情绪作为课堂教学活动的一个突破口，而不能整节课都处于调节学生的情绪上，从而使学生的学习状态达到最佳。

3. 注重移情

通常来说，一个人对其他人或事物的情感可以转移到与其相关的对象上，与我们通常所说的爱屋及乌有异曲同工之处。一方面，教师的情感会给学生的情感带来影响；另一方面，教学内容的情感因素对学生的情感会造成影响，甚至文章作者以及文章中人物的情感，都可能会感染学生，教师要努力帮助学生在学习的过程中得到情感上的陶冶。

（七）综合性原则

综合性原则是教师需要遵循的重要原则，具体来说，教师需要做到以下几个方面：

1. 整句教学与单项训练相结合

外语教学的目标在于培养学生的语言运用能力，因而在教学中应该做到总分结合，既要对整句进行教学，也要结合单项的训练。

当学生的语言知识达到一定的水平之后，他们就能够运用到自己的日常生活与工作中，有助于学生语感能力的提升。也就是说，在外语教学中应首先开展整句教学，即先教授给学生一些简单的句子，当学生有了一定的积累之后，再教授复杂的句子，这时候需要将整句练习与单项训练结合起来。

2. 综合训练

语言学习并不是孤立的，而是一个统一的、完整的整体，因此，需要在教学中开展综合训练，即将听、说、读、写、译各项技能的教学结合起来。

在外语教学中，听、说、读、写、译五项技能的培养是教学开展的主要内容与途径，教师可以对学生的多项感官进行训练，保证五项技能训练的比例与数量，从而让学生逐渐完成学习任务，提升学习质量。

3. 对比教学

众所周知，英汉语言之间存在明显的差异，这就要求在外语教学中，教师应该引导学生对英汉语言进行对比，通过对比，让学生发现二者在动植物词汇、人名、地名、称谓语、禁忌语等方面的差异性，并能准确地运用语言进行写作与翻译。总之，通过对比教学，学生可以不断提升自身的学习效果。

（八）以就业为导向原则

以就业为导向的理念越来越受到当今学校和师生的重视。以往的应试教育理念往往以各种考试衡量学生的学习能力，导致学生中出现很多高分低能的现象。就外语来说，很多学生虽然学了多年外语，但是到毕业仍然不敢开口说外语。然而，当前社会对外语口语人才的需求越来越迫切，导致学生在择业时遇到较大的困难。还有很多学生认为自己在学校中的所学与将来的职业没有多少关系，因此丧失了学习的动力。因此，应倡导以就业为导向的教学原则，即教学是为学生的就业服务的，这也更适用于高职院校的外语专业学生。以就业为导向的教学原则要求教师在具体的实践过程中，引导学生提前做适当的规划，在高职院校中，教师则要引导学生实现"零过渡"。具体来说，高职院校可以与本专业领域相关的企业进行合作，为学生提供更多实际的参与机会，从而帮助他们顺利掌握相关知识，为以后顺利工作做准备。

二、跨文化交际应用于外语教学的方法

（一）充分利用各种技能课进行文化传授

众所周知，语言既是文化的重要组成部分，也是文化的重要反映，因

此在语言学习过程中必然离不开文化因素。同样，语言教学也离不开对文化知识的传授。具体来说，在进行语言教学时，对学习材料中的相关文化背景知识，教师应做一些说明介绍，其目的是帮助学生更好地理解所学材料。一般来说，教材中的课文都有特定的文化背景，如时代背景、内容背景、作者背景等。如果学生对这些背景知识缺乏了解，就难以准确和深刻理解所学材料。利用语言知识与技能课进行文化传授是非常有必要的。

1. 在词汇教学中进行文化传授

在外语词汇教学中，教师需超越简单的词汇传授，理解词汇教学的本质为目的语教学。也就是说，教师通过教授词汇来向学生传授文化、交际、思考、学习、语言等内容。为此，教师可以采用语境法、联想记忆法等方法，重视词汇的文化背景，帮助学生更好地理解词汇内涵和演变规律。同时，引导学生探究从意义到文化、从文化到思维的关联，以使他们更全面地掌握词汇。通过创造多样的教学情境，激发学生的学习兴趣和积极性，使他们在词汇学习过程中不是被动接受知识，而是积极参与思考和交流。

（1）语境法

根据著名语言学家弗斯的观点，如果一个词被用于新的语境中，那么一个新词便诞生了。就狭义角度而言，语境是指词所处的特殊的环境。就广义角度而言，语境范畴非常广泛，如交际语境、非语言语境等。

外语中有很多一词多义的现象，要想判断同一个词在不同词组或句子中的意义，就必须将其置于具体的语境中。可见，语境对词汇意义的影响极大。举例如下：

heavy news　令人悲痛的消息

heavy crops　丰收

heavy sea　汹涌的大海

heavy road　泥泞的道路

上述短语都包含"heavy"一词，由于后面接的名词不同，含义也有所不同。因此，在外语词汇教学中，教师应引导学生根据语境判定单词的意义。

另外，上下文之间存在紧密的关联，这种关联也构成了特定的语言环境。正是由于这种特定的语言环境，才能帮助读者判定词义，并衡量所选择的词汇意义是否准确。事实上，不仅单个单词需要从上下文进行判定，很多时候，词组、句子也需要根据上下文进行判定。举例如下：

Fire！　火！

上述例子可以说是一个词，也可以说是一句话。如果没有上下文或者一定语境的辅助，人们是很难理解其含义的。其可以理解为上级下达命令"开火"，也可以理解为人们喊救命"着火了"。但是，要想确定其含义，必须置于具体的语境中。

人们可以根据文中事物的内在关系判定词义，也可以根据组成文章词句之间的语法关系判定词义。到底选择哪一种，需要根据具体的文章进行判定。

（2）联想记忆法

瑞士语言学家索绪尔在探讨语言体系时指出，语言中的关系有"句段关系"和"联想关系"两类。前者指语言的横向组合；后者则由心理的联想而产生，指语词的纵合聚合。

词汇的联想记忆法就是将联想场的概念融入进去，运用发散性思维，对学生的词汇学习进行指导。根据词汇本身的特点及学生的词汇学习习惯，联想记忆法主要分为以下几种：同属联想，就是在对某一特定单词进行讲授时，联想到与其有着共同属性的单词，并同时进行讲授；种属联想，就是在对某一特定单词进行讲授时，联想到与之有上下位关系的单词，并同时进行讲授；同义联想，就是在对某一个特定单词进行讲授时，联想到与其具有相同意义的单词，并同时进行讲授；反义联想，就是在对一个特定单词进行讲授时，联想到与其相反意义的词，并同时进行讲授；混合联想，就是同属、种属、同义、反义两种或以上方法的结合。

2. 在语法教学中进行文化传授

受中西方社会环境、文化背景等的影响，不同文化背景下的人们的语言组织与表达也有明显的不同，因而句子中的语法结构差异十分明显。教师在语法教学中，要坚持文化原则，正视母语学习对外语学习的正负迁移，采用有效的方法克服负迁移作用的影响。

在"互联网+"时代，国际的跨文化交流日益频繁，推动了语言教学模式和方法的革新。教学必须结合传统经验和新时代学生的特点，与时代发展相契合的语法教学尤为重要。微课程教学法是一种有效手段，结合了移动终端设备，利用文字、图片、视频等资源，实现了随时随地的语法教学。值得指出的是，微课程教学法倡导"云环境"，强调"导学一体"教学方法，使学生在云端平台上能够获得一致的学习体验。主要包括三个模块：课前自主学习任务单、配套学习资源、课堂教学方式的创新。

3. 在听力教学中进行文化传授

在跨文化交际的过程中，只具备目的语知识是不够的，文化因素是决定跨文化交际成败的关键因素，因为所有的信息在一定的文化背景下往往会被赋予特定的意义。不具备文化背景知识，跨文化交际可能会失败。然而，大部分学生从未接触过目的语文化，缺乏目的语文化意识，更谈不上有针对性地了解目的语文化了。实践表明，很多学生在听力过程中频频出现错误，很重要的一个原因就是缺乏相关的文化背景知识。因此，教师在听力教学过程中要注意对文化知识的讲解，帮助学生顺利地进行听力训练。

在外语听力教学中，教师应注重引入外语国家的文化背景，以帮助学生认识本民族语言与外语之间的文化差异，并培养学生的听力文化意识。为此，教师应积极进行跨文化引导，利用听力课堂中的有声教材，涉及民族、政治、经济、文化、法律、教育、文艺等领域知识，进行跨文化专题教育。同时，教师需协助学生辨别不同文化的差异，引导他们比较本国、本民族文化与外国文化，激发学生的文化价值观。这种方法有助于学生更好地理解外语的含义和使用环境，提高他们的跨文化交际能力，增强对文化多样性的尊重和理解，从而促进跨文化沟通与交流。

4. 在口语教学中进行文化传授

如今，能说一口流利的外语已经是学生在择业时的重要砝码。相应地，各学校也通过各种方式努力提升学生的口语水平，如增加课时、开展口语比赛等。此外，文化差异对口语教学的影响是非常大的，直接影响着口语交际者在交际过程中的应答。因此，学生有必要多了解中西方社交文化方面的差异，教师也有义务多向学生介绍中西方文化差异。通过口语教学进行文化传授，提升学生跨文化交际能力的方法有很多，笔者主要介绍以下两种方法：

（1）创境教学法

外语学习的最终目的就是交流，而交流不是在真空中进行的，而是发生在一定的情境中，因此，外语学习需要一定的情境才能取得更好的效果。口语学习更是如此。这提示教师一定要注意口语教学中情境的重要性，要尽量把真实的语言情境引入口语教学，让学生在真实的环境下学习口语，这样学生的表达才会更加地道。一般来说，角色表演和配音活动是两种有效的情境创设方式。

首先是角色表演。这是一种深受学生喜爱的口语练习方式，因为学生往往活泼好动，也有表演的欲望，而角色表演正好符合学生的这些特点。角色表演还能让学生告别枯燥单一的课堂授课，很容易调动学生表达的积极性。所以，教师在口语教学中要多组织角色表演活动，把主动权交给学生，让学生自行分工、自行排练，然后进行表演。表演结束后，教师不要着急评价，最好先让学生在表演技巧、语言运用等方面发表一些建议，然后进行总结和点评。其次是配音活动。作为一种锻炼学生口语表达能力的活动，在配音练习中，教师可以选取一部电影的片段，先让学生听一遍原声对白，在听的过程中，教师可以适时讲解其中一些比较难的语言点；然后，让学生再听两遍原声并要求他们尽量记住台词；最后，教师将电影调成无声，让学生进行模仿配音。

教师在选择需要配音的电影时，要注意遵循以下四个方面：第一，语言发音要清晰，语速要适当，容易让学生学习和模仿。有些电影虽然很优秀，但是角色说话语速过快，对外语水平要求较高，学生在配音时很难跟上，这就很容易打击他们的积极性。因此，教师在选择影片时，要充分考虑学生的外语水平，尽量选择情节简单、发音清晰的影片供学生配音。第二，电影应当配有外语字幕，有中英双字幕更好。如果没有字幕，教师可以要求学生提前将台词背下来，如果学生对电影情节比较熟悉，也可以不背台词。第三，电影的语言信息含量要丰富。有些电影尤其是动作片，虽然很好看，学生也很喜欢，但是这类电影往往语言信息较少，甚至充满暴力，因此不适合进行配音活动。第四，影片内容要尽量贴近生活。由于影片大多和人们的真实生活很贴近，语言也贴近生活，配起音来相对容易些，更重要的是能让学生学以致用，让他们真正体会到学习外语的实用意义。

（2）文化植入法

文化植入这一概念源自"广告植入"的理念。所谓"广告植入"，就是为了达到营销目的，将产品或服务的视听品牌符号融入影视或舞台产品中，从而给观众留下深刻的印象。在外语口语教学中，文化植入与广告植入的理念是类似的。在教学过程中，如果只是生硬地开设文化课，学生会因为文化内容的繁杂深奥而退却，从而失去学习的兴趣和动力。如果在外语口语教学中植入文化，那么就能对学生产生潜移默化的作用，从而加深他们对文化的印象，产生文化学习的兴趣，最终提高口语学习的效果。

需要注意的是，植入并不是无原则地随意植入，植入的内容要符合学生的兴趣爱好，并且能深入浅出、切实帮助学生提高口语水平。教师还要注意植入的内容要服务于口语教学。文化植入的一切内容都要围绕口语教学进行，并且与主题紧密相关。因为最终目的是帮助学生更好地应用口语，掌握口语课的教学内容，所以文化植入的内容一定要凸显其服务功能。

具体来说，文化植入的方式主要有以下两种：

第一，直接呈现。直接呈现是指教师先选择一个与教学内容密切相关的文化主题，再在课堂上将其直接呈现给学生，引导学生理解这一文化主题。教师在呈现时，可以通过一定的手段将其导入教学内容，如借助多媒体教学设备进行呈现。例如，在学习有关建筑物的口语课时，有很多有关建筑的描述和表达方式需要进行呈现与练习。此时，教师可以利用多媒体设备，将不同建筑的时代背景、风格特点等展示给学生，同时，融入教学要求掌握的一些表达方式。这些内容能引导学生了解学习内容，让学生使用所学内容进行操练。通过呈现，学生在其表达练习中会更有针对性，也更容易加深印象、掌握知识。

第二，间接呈现。间接呈现是指教师根据教学要求和学生实际情况，灵活设计一些小活动，如游戏、竞赛等，并将文化内容有效融入这些活动中。具体来说，教师可以设计一些实用又有趣的英文选择题，供学生抢答，每道题结束后再结合直接呈现方式，通过图片、视频等向学生介绍该题所包含的文化内涵。这样学生在互动中既锻炼了自身的口语能力，又拓宽了知识面。

5. 在阅读教学中进行文化传授

在外语阅读教学中，学生阅读一般的外语文章难度不大，但往往对外语文章理解得不透彻。因此，教师除了要讲授外语基本知识外，还应该引导学生学习与课文相关的背景知识。

文学经典作品在阅读教学中至关重要。首先，英美文学作为世界文学的重要组成部分，其经典作品在全球文学史上享有盛誉。教师应充分利用这些作品，丰富教学内容，让学生感受其独特魅力。为此，教师需要深入分析作品，特别关注精读部分的关键词和句子，并进行深入讲解。教师还应该注重作品背后的相关背景知识，如历史、社会、作家、人物角色等，以帮助学生更好地理解和阅读。通过这样的教学方法，学生不仅能够领略文学作品的艺术魅力，还能够深入了解其背后的文化和历史内涵，从而提升阅读理解能力和文学素养。

6. 在写作教学中进行文化传授

文化差异对学生写作的影响是显而易见的。例如，在外语写作过程中，很多学生因受汉语话语表述方式的影响，常采用多个并列的句子进行表述，这明显有违外语话语表述的习惯，从而给人留下中式外语的印象。这就要求教师在写作教学中要注意向学生传授英汉语言在这些方面的差异，让学生清楚了解这些差异，避免受母语迁移的负面影响，锻炼外语思维，从而写出符合外语表达习惯的文章。

在跨文化交际背景下，教师可以采用以下几种方法进行写作教学：

（1）对比教学法

通过对语言差异的直接对比，帮助学生培养外语写作思维，是写作教学的基本方法。例如，在写作教学中，教师在批阅学生习作时，可以灵活运用对比教学法。具体来说，教师可以适时指出学生习作中不符合外语表达习惯的语句。如果有条件，教师可直接注明地道的外语表达方式，让学生对英汉表达方式进行对比，明白其中的差别，从而在以后的写作中多加注意。

（2）语块教学法

在跨文化交际背景下，教师可以有效运用语块教学法。研究表明，外语中存在词汇程式现象，也就是成串的语言结构，这些词汇组合就被称为"语块"。语块教学法作为外语教学中一种行之有效的方法，也可以广泛应用于写作教学中。教师可以借助这一方法向学生介绍有关语块的基本知识，如概念、分类等，让学生明白语块对语言能力提高的重要性。学生明白了语块的重要性，就会在学习中不断积累语块，并有意识地加以运用，从而写出优美、地道的文章。

具体来说，外语教师可以通过以下两个方面开展语块教学：

一方面，教师可以建构相关的话语范围知识。所谓"相关的话语范围知识"，主要包含与主题相关的各种社会知识和文化知识。在传统的写作教学中，这一环节未引起师生的足够重视，实际上这是写作教学的第一步。在这一阶段，教师需要在以下几个方面做出努力：第一，向学生传授与话语范围相关的知识，并帮助学生掌握。具体来说，教师可以通过与学生交流，也可以让学生对其他学生的相关经历有所了解。第二，对与话语范围相关的双语语言进行比较，尤其是不同语言的异同点，从而了解这些语言背后的文化背景，以及文化背景对话语范围产生的影响。第三，对与话语范围相关的词汇及表达形式进行列举、选择和整理。具体而言，教师可以引导学生开展以下教学活动：第一，教师提前为学生准备一些与话语范围相关的语篇，让学生对这些语篇进行比较与探讨，以便学生发现不同语言的异同点。第二，在课堂教学中，教师组织学生探讨自身的经历，如旅游经历，可以让学生对自己旅游过的地方、乘坐的交通工具等进行描述。第三，教师安排学生准备一些与主题相关的物品，如实物、照片、视频等。第四，教师可以让学生从写作的角度认真阅读语篇，并对语篇中的语言符号、辨别意义等有所了解。第五，教师可以组织学生参加与主题相关的活动，如讨论购物主题时可以让学生亲自去超市购物等。这些活动可以让学生对主题有深刻的感受。第六，学生在阅读语篇的过程中，将自己遇到的新词等进行归纳，并将这些新词与已学内容相联系。

另一方面，教师可以建立相关语类的语篇模式。建立语类语篇模式的主要目的包括以下几个方面：第一，让学生对语类及相关主题的语篇能够清楚地了解并把握。第二，让学生对语类结构与结构潜势有深刻的了解。第三，让学生对语篇语境有清楚的把握。第四，让学生对交际目的、交际功能有清楚的了解。

具体来说，教师在这一阶段可以安排以下几种活动：第一，教师为学生阅读一遍语篇。第二，教师与学生一起阅读语篇。具体来说，教师既可以领读，也可以安排学生轮流阅读。第三，教师引导学生根据语篇内容推测语篇的背景，如所处时代、文化背景、作者的写作目的等。第四，教师让学生回忆他们在其他时间学过的类似语篇，并组织学生分小组交流语篇的主要观点和内容等。第五，教师组织学生分析语篇的结构与框架，如语篇由几个段落构成，这些段落是如何进行连贯的等。第六，教师或者学生寻找一些类似的语篇，对语类结构的阶段方法进行训练。第七，教师以语类为基础，引导学生对一些规律性的语法模式进行总结与归纳。第八，教师引导学生思考语法模式与语类的关联性。

（3）综合其他技能进行教学

外语的几项基本技能之间并不是孤立存在的，而是互相联系、互相影响的。在外语写作教学中，教师可以将几种技能教学有机结合起来。这里，笔者主要介绍听写结合、读写结合、说写结合、写译结合。

①听写结合

在写作教学中，教师可以将听力与写作结合起来。例如，可以通过边听边写的教学方式帮助学生提高写作能力。教师可以让学生听录音或直接向学生朗读，同时让学生随时记录听到的内容。这里的内容可以是多样化的，既可以是外语教材上的文章，也可以是课外读物上优美的文章，还可以是一些精彩的小故事。

又如，在边听边写的基础上，教师可以进一步加强教学，让学生完成听后的复述任务。具体来说，教师可以自己朗读，也可以播放录音给学生听，让学生集中精力听三遍。听完后，学生可以笔述，也可以直接进行复述。需要注意的是，教师不必对学生要求太高，无须让学生一字不落地复述下来，而是只总结出所听材料的大意即可。学生笔述或复述活动可以很好地帮助学生提高语言组织和表达能力，从而为写作打下坚实的基础。

②读写结合

读与写之间是相互促进、相辅相成的关系。读是写作素材来源的重要途径，写能进一步加强和巩固阅读能力。在阅读过程中，很多学生是理解了文章的内容即可，很少从中汲取有利于写作的素材。对此，教师应引导学生在阅读中体会作者遣词造句的技巧，并培养学生记笔记的良好习惯，从而使学生积累大量的有助于写作的语言知识。这样学生的阅读不仅更加深刻，写作能力也会随之提高。

③说写结合

说和写是相互贯通的，因此教师可以通过说和写结合的方式进行写作教学。例如，教学中有很多关于对话的文章，教师可以让学生将一些对话改为短文。学生在改写过程中，要格外注意时态、语态以及人称的变化，并且尽量使用对话中的新词汇和新句型。

教师也可以组织课堂讨论。在课堂教学中，教师可将作文题目写在黑板上，让学生分组讨论，总结讨论结果，并且一起完成写作任务。写作结束后，小组派出一位代表展示本组作文，供教师和其他同学评阅。

④写译结合

学生在翻译训练中，不仅能够提升语言意识，其写作能力也会得到相应的提高。因此，教师应将翻译与写作训练有机结合起来，对学生进行表达习惯、句法规则以及篇章结构等方面的指导，让学生了解英汉两种语言的异同，增强思维转换能力。

7. 在翻译教学中进行文化传授

翻译是一种语言转换活动，而语言与文化密不可分。因此，翻译在某种程度上也是不同文化间的碰撞。教师在翻译教学中要注意培养学生的跨文化意识，注重文化知识的传授。

（1）注重相关背景知识的传授

翻译的内容和题材多种多样，相应地，译者也要具备丰富的背景知识，这样才能在翻译过程中得心应手。如果不熟悉原文所涉及的专业，就不能正确理解原文的全部意义，翻译也就无从谈起。因此，教师在教学过程中，要引导学生重视并积累不同专业的基础知识，以备不时之需。具体来说，学生不仅要具备一定的自然科学和社会科学文化知识，还要对有关国家的政治、历史、地理、经济、军事、外交、文化、科学、风俗习惯等方面有一定的了解。

（2）传授一定的文化翻译策略

学生在翻译过程中需要掌握适当的文化翻译策略，这样才能在涉及文化因素时更好地进行处理，以免出现误译、错译等现象。

①归化与异化策略

归化与异化可以说是两种基本的文化翻译策略，二者各有优势。所谓"归化策略"，是指将源语表达形式进行调整，替换成译入语的地道表达形式；所谓"异化策略"，是指译者保留源语的文化以及尽量向作者的表达方式靠拢的翻译策略。

长久以来，翻译研究者对归化与异化孰优孰劣的问题一直争论不休，出现了百家争鸣的局面，但它们并非绝对对立，而是存在各自适用的范畴。在某些语境下，仅采用其中一种策略可能无法完整传达源语的真实内容与意义，因此需要采用归异互补的策略。成为一名优秀的译者需要找到归化与异化策略之间的平衡点，这意味着要根据原作进行细致品读，以便选择合适的翻译策略。译者需要深入了解原文的底蕴，需要考虑翻译的目的和作者的意图，谨慎地选择翻译策略，以确保翻译既忠实于原文，又能够符合目标读者的文化背景和语言习惯。举例如下：

I gave my youth to the sea and I came home and gave her（my wife）my old age.

我把青春献给了海洋，等我回到家中见到妻子的时候，已经是白发苍苍。

在翻译上述英文句子时，译者采用了归异互补策略。很明显，对"I gave my youth to the sea"这句话的翻译采用了归化策略，而对"I came home and gave her（my wife）my old age"这句话的翻译则采用了异化策略。如果仅采用归化策略或者异化策略，很难达到现在的效果，也很难让目的语读者理解原作的含义。

在处理归化与异化之间的关系时，应该以异化策略为首选，以归化策略为辅助。也就是说，译者在文化翻译时应该尽可能地实现异化，必要时还要保证归化。具体而言，可以总结为以下几点：第一，在进行翻译时，译者应该注重选择异化策略，这样才能实现译文的"形神具备"效果。异化策略与归化策略并非孤立的，可以相结合，这取决于原作的意义以及译文的流畅性。第二，如果仅仅采用异化策略，可能会导致难以传达原作的意义或者影响到译文的流畅性，这时就需要考虑结合归化策略。第三，当异化策略无法有效实施时，译者应该选择归化策略，以保留原作的内涵。总之，在处理归化与异化时，需要保持适度，即异化不应该影响读者对文本的理解，而归化也不应该改变原作的风格，从而实现所谓的"文化传真"。

在翻译领域中，异化策略在文化层面上更为突出，体现在尊重原文文化背景、传达其独特内涵上；而归化策略则在语言层面上更为突出，强调目标语言的习惯用法与文化背景，使译文更贴近目标读者的语言习惯。在同一篇文章中，翻译策略并非唯一选择，而是需要根据具体语境灵活运用，可以采取直译、意译或者结合两者的混合方式。译者在进行翻译时，应该具备广泛的文化知识，运用跨文化意识，能够深刻理解原文所蕴含的文化内涵，并根据目标读者的文化背景和语言习惯，选择合适的翻译策略。

②文化对应策略

所谓文化对应策略，是指采用目的语文化中知名的事件、人物等，对源语文化中的内容进行解析与诠释。例如，"梁山伯与祝英台"在汉语文化中是广为熟知的，但是在西方人文化中却鲜为人知，如果将其翻译成"罗密欧与朱丽叶"，那么西方人就知道什么意思了。同样，"济公"与"罗宾汉"的互换也是如此。

（二）进行显性与隐性文化教学

显性文化教学法被视为外语文化教学的重要方法。相较于语言教学，显性文化教学法是一种相对独立且较为直接的系统文化教学方式，注重知识传递。这种方法可以有效培养学生的跨文化意识，尤其对于在全汉语环境下学习外语的情况更为适用，因为它省时且高效。显性教学法直接介绍外国文化，能明确指导学生，解决对异族文化的困惑，帮助他们更好地理解和融入外国社会。这种知识的传递是培养跨文化交际能力的基础，为学生建立起与外国人交流的桥梁，使他们更具自信和成就感。

显性文化教学法的运用主要有以下两种模式：第一，在语言课程之外开设专门的文化课程，如"英美概况""英美文化""跨文化交际"等，直接系统地教授外语国家的历史、地理、制度、教育、生活方式、交际习俗与礼仪等有形的文化知识。第二，在语言课程中"导入"与"语言点"相对应的"文化点"。这种文化导入往往是结合阅读课文或听力对话等语言知识的学习，缺乏系统性。

与显性文化教学法相对，隐性文化教学法也是一种重要的文化教学方法。随着教学思路和方法的不断改革，外语教学与外语文化教学逐渐自然地融合。这样一来，教学不是直接传授文化知识，而是在课堂提供的真实的交际情境中和以交际为目的而使用语言的过程中自然地习得目的语文化，存在一种"通过实践进行学习"的理念。这种融入语言学习之中的、较为间接的、相对分散的、以行为为中心的文化教学法就是隐性文化教学法。

（三）组织课外文化活动

课外文化活动丰富多彩，这里主要介绍以下几种活动形式：

1. 关注大众传媒

文化传承是大众传媒的主要功能之一。常见的大众传媒有广播、电视、报纸、杂志、网络，一般具有较强的时效性。通过大众传媒，人们可以了解最新的资讯，把握世界文化的脉动。在文化教学中，教师可以就某一文化热点问题给学生布置作业，要求学生展开讨论，使学生通过对这些问题的关注而逐渐了解相关文化的内涵，更好地认识世界。

2. 开展外语专题性活动

外语专题性活动不仅有利于学生协调发展阅读、写作和口语交际能力，还有助于提高学生在实践中综合运用语言文字的能力，因而也是外语课外教学活动的一种有效方式。

外语教师组织专题性活动时，应从以下三个方面进行综合考虑：（1）学生的外语水平和生活经验；（2）学校和学生的实际情况；（3）依据活动主题的不同特点，灵活选择完成方式，如独自完成或小组合作完成。

3. 组织文艺会演活动

外语文艺会演活动可采取多种形式，对提升学生的外语学习热情、巩固外语运用能力等具有积极作用，具体体现在以下几个方面：（1）在外语文艺会演前，每位参与者都需要进行相关准备，有利于提高学生的语言能力；（2）外语文艺会演的节目水平通常与学生的外语学习水平相当或者更高一些，这样能起到巩固学习成果、深化对语言知识理解的作用；（3）外语文艺会演气氛轻松、趣味性强，可使学生真实感受外语的实际作用，很容易激发他们对外语学习的兴趣及持续的学习热情；（4）参与表演的过程是一个极好的展示机会，学生既可使听说技能得到很好的锻炼，还可以体验到前所未有的自信。

4. 组织英文歌曲演唱

英文歌曲演唱作为常见的课外文化活动，对学生的成长具有积极影响。教师应当积极鼓励学生参加英文歌唱小组，不仅可以满足学生追求表达和展示自我、获得认可的心理需求，还有助于提高学生的听力水平。结合英文歌唱比赛，适时地计算成绩并进行排名，不但可以有效激发学生的成就感和集体荣誉感，还可以培养学生的团队合作精神。然而，教师在选择英文歌曲时需慎重考虑，应确保歌曲内容贴近学生生活和心理，同时兼顾语言难度和文化背景，以促进学生的学习兴趣和参与度。

具体需注意以下几个方面：第一，注重内容的趣味性。为了激发学生的兴趣，使学生主动参与活动，教师应尽可能选择内容有趣的英文歌曲，让学生感受听歌与学歌的乐趣。第二，保证语言的真实性与可操作性。教师既要确保所提供的英文歌曲语言的真实性，使学生在真实的语境中习得纯正的外语，又要确保歌曲语言具有可操作性，不用或少用含有方言或俚语等特殊语言现象的歌曲。第三，注意难度的层次性。不同的学生，其语言水平与听力水平也不同，教师可以据此分配小组成员，并且为不同的小组选择不同难度的英文歌曲。

（四）研究大纲、深挖教材

教学大纲是教学所要遵循的根本大法，大纲对听、说、读、写、译等知识性学习与技能性训练的指导相当成熟，而且十分完备，但对文化学习还没有给予充分的重视。对于外语教师来说，要进一步理解与深化大纲，领略大纲精神，依据大纲原则，结合学校情况以及学生专业特点，制定出与本校情况相符的文化教学原则，对教学内容、目标以及基本要求加以确定，从而使语言课更有趣、更有深度，促进学生人文素养的提高。

此外，教材是教师进行教学的重要载体，教师只有对教材有深入的理解，吃透教材，才能在课堂教学中做到张弛有度。通常来说，教材把所有学生需要掌握的语言知识和文化知识都囊括其中是不可能的，也是不现实的。此时，教师就要结合具体情况，有针对性地对学生感兴趣的主要问题予以拓展、补充，满足学生的文化学习需求。

第二节　跨文化交际理论应用于外语教学的评价分析

一、教学评价

教学评价是根据教学目标以及教学原则等要求，对具体的教学活动以及最终的教学成果进行价值判断的过程。教学评价对于教师、学生乃至整个教学都有重大意义。

（一）教学评价的定义

评价通常是指对事物价值高低的判断，包括对事物的质与量进行的描述和在此基础上做出的价值判断。将评价运用于教学活动中，教学评价便产生了。

目前，关于教学评价的定义有三类。就方法而言，教学评价是一种评定教学成绩的考查方法；就过程而言，教学评价是对教学活动进行价值判断的过程；就作用而言，教学评价是对信息进行收集和利用，为教学的实施提供依据。

教学评价是对教学活动满足社会与个体需要的程度进行判断的活动，是对教学活动现实的或潜在的价值进行判断，以期达到教学价值增值的目的。

教学评价无论是对于学生而言，还是对于教师而言，都有着十分重要的意义。对于学生而言，教学评价可以使学生了解学习的过程，发现自己的进步与不足，进而积极主动地学习；对于教师而言，教学评价可以及时向其反馈教学信息，拉近与学生的距离，充实自己的教学经验，进而不断调整教学计划，优化教学环境，提高教学效率。

（二）教学评价的分类

1. 按照评价功能分类

按照教学评价在教育活动中的功能，可以将教学评价分为以下三种类型：

（1）终结性评价

终结性评价是在一个相对完整的教学活动结束之后，为了解学生的学习成果而进行的评价。这一教学评价形式注重教与学的结果，依据评价的结果对学生的学习成果进行鉴定和区分，并据此评定教学的有效性。

（2）形成性评价

形成性评价是指在教学过程中为了优化教学活动而进行的评价。形成性评价的方式有很多，如教师观察、访谈、问卷调查、学生自评和互评等，可以对学生的学习态度、学习能力和学习行为进行有效的评价。形成性评价注重评价的过程，主要目的是了解教学过程中出现的一些问题，并且根据这些问题调整教学活动，确保教学达到理想的效果。

（3）诊断性评价

诊断性评价是对学生在教学中的行为表现所存在的问题进行的评价，以使课堂教学与学生的需要、特点以及背景相适应。诊断性评价的目的并不是单纯记录学生的成绩，而是在学生学习的过程中"诊断"学生的学习情况。教师可以根据评价的结果发现学生的问题，合理设计教学活动，做到因材施教。学生可以根据评价结果了解自己学习中的问题，并且据此调整学习策略，产生积极的学习动力。

上述三种评价形式并不是孤立存在的，而是相互联系、相互促进的，三者的相互结合构成了立体化的教学评价模式。

2. 按照评价标准分类

按照评价标准，可以将教学评价分为相对性评价和绝对性评价。

（1）相对性评价

相对性评价是一种在被评价对象集合中选取标准，并比较各评价对象与标准的相对位置的评价方法。其主要优点在于操作简便、易于比较和分析，能够清晰展示学生的总体表现及其差异。这种评价方式的实施过程较为简单，教师可以轻松地对学生进行排名和分层，进而快速了解整个班级或群体的学业状况。然而，相对性评价也存在明显缺点。首先，评价标准会随着群体的变化而变化，容易导致评价偏离预定的教学目标。其次，这种评价方法难以体现学生的进步和努力，因为它关注的是相对位置而非绝对进步。再次，相对性评价可能引发不正当竞争和过度重视分数的现象，学生可能会更关注相对排名而忽视学习过程和内在动力。最后，这种评价方法不能充分反映教学的优缺点，也无法为教学改进提供具体的依据。综合来看，相对性评价虽具备一定优势，但其局限性也需引起足够的重视。

（2）绝对性评价

绝对性评价是在被评价对象的集合之外确定一个标准，这个标准被称为"客观标准"。"评价时把评价对象与客观标准进行比较，从而判断其优劣。评价标准一般是教学大纲以及由此确定的评判细则。"绝对性评价的标准比较客观，如果评价是准确的，那么评价之后每个被评价者都可以明确自己与客观标准的差距，从而激励被评价者。但绝对性评价也有一定的不足：客观标准容易受评价者的原有经验和主观意愿的影响，很难做到客观。因此，在评价过程中，尽量减少评价者的主观性对评价活动的控制，尽可能保证评价结果的客观、公正。

二、从客观定量测试法到定性分析评价法

在跨文化外语教学中，文化作为教学的主要目标和内容之一，其重要性日益凸显。在课程开发、教学设计和测试评估中融入文化因素，已成为

提升教学效果的关键。然而，我国外语教学界在这一方面的尝试和努力尚显不足。目前的文化知识测试主要集中在外语国家概况的介绍上，忽略了对学生文化能力的全面评估。这种局限性导致教学成果未能充分反映跨文化交际能力的培养。文化测试和评价作为外语教学中的一大难题，不仅困扰着教师，也使研究者面临挑战。尽管这一问题已受到关注，但相关研究与实践依然薄弱，亟待进一步探索与改进。

（一）文化测试的主观性和复杂性

文化测试及评价在当代教育中至关重要。然而，文化的主观性和复杂性使这一过程充满挑战。文化测试设计和实施的难度，首先体现在其主观性和复杂性上。文化本身是一个极为复杂的概念，它涵盖了文学、艺术、社会学、文化学等诸多领域。它不仅涉及人们的态度、习俗、日常活动、思维方式和价值观念，还对社会和个人有着规范、调控、凝聚、指导和制约的作用。这种多样性和复杂性，使得制定客观、可操作的评判标准变得异常困难，几乎不可能实现完全的客观性。进言之，不同的亚文化群体由于主观认识和体验的差异，很难形成统一的文化认识和表现，文化测试内容的标准化成为一个巨大挑战。这种多样性要求在设计文化测试时，既要涵盖广泛的文化内容，又要反映文化的深层次内涵，而不是简单的知识点考查。当前的挑战和误区在于，许多教师依赖自身的文化知识和体验设计测试，这种方法往往不现实且不可靠。教师的主观经验无法全面、客观地代表被测试者的文化体验，导致测试结果失真。另外，由于文化测试的主观性和复杂性，一些学者甚至建议放弃文化测试和评价。然而，放弃文化测试不仅会打击学生的积极性，还会误导他们对文化学习的认识，削弱跨文化外语教学的效果。文化测试和评价的必要性与重要性不容忽视。测试和评价是教学过程中的关键环节，放弃文化测试实际上等于放弃文化教学。文化测试不仅是检验教学方法、教材和教学效果的重要手段，也是激发学生学习兴趣和积极性的重要工具。特别是在跨文化外语教学中，文化测试的作用更加突出，通过测试可以帮助学生更好地理解和掌握目标文化，增强跨文化交际能力。

为了解决文化测试中的问题，有几项策略可以实施。首先，教育工作者需要重新认识测试和评价的本质。测试和评价不仅是为了评估学生的知识掌握情况，更重要的是了解学生对文化的理解和体验。其次，需要确定合理的测试内容。测试内容应能够反映文化的核心内涵，既要广泛涉及各文化领域，又要深入挖掘文化的内在联系。最后，改革测试和评价的方法至关重要。应当创新测试和评价的方式，采取多样化的评价手段，如项目制、情境模拟和案例分析等，以应对文化的主观性和复杂性。

（二）客观定量测试法与定性分析评价法

外语教学模式的演变带来了测试模式的深刻变革，从最初强调纯粹的语言认知到如今更加注重听、说、读、写及交际能力的综合评价。传统的测试形式，如选择题、判断题等客观量化形式，虽然仍具有一定的实用价值，但受到了广泛的质疑。这是因为传统测试形式存在评价学习过程和结果的偏差，它们往往只能反映学生对语言知识的掌握程度，而无法全面评估他们的语言应用能力及交际技能。因此，这种形式往往会误导教学活动，限制了学生的语言发展。

为了更准确地评价学生的语言能力，语言测试应该注重学生对语言变体及其在不同语境中的使用的理解，并且应该包括对文化学习的评价。现代教学思想强调以学生为中心，即测试应该更关注学生的学习过程和结果。在这种情况下，同步评价和测试的做法就显得不合时宜。因此，测试需要根据学生的学习阶段和个体差异进行评价，以确保评价的全面性和准确性。这意味着测试应该更加灵活，能够适应不同学生的需求，并且能够提供针对性的反馈，帮助他们更好地发展语言能力。

近年来，随着教育领域的发展和认知理论的深入研究，真实评价和表现评价作为一种相对于传统定量测试而言的定性分析方式逐渐受到关注。真实评价和表现评价强调对学生学习行为的综合全面分析，从而揭示其认知、情感和行为等层面的特点。在目前广泛使用的评价手段中，观察描述法和作品集评价法占据主导地位。观察描述法是指通过观察学生在课堂和课外的行为表现来评价其学习行为，强调对学生行为的直接观察和描述。作品集评价法则是对学生在阅读、写作等方面的付出、进步、态度和成就进行综合评价的方法，强调学生的作品和成果。

相较于传统测试形式，定性分析评价法具有诸多优点。首先，它注重能力评价而非仅限于知识，更加全面地考量学生的综合能力。其次，它关注学习过程而非只关注结果，更加重视学生的学习方式和策略。再次，它涵盖认知、心理和行为各层面而不仅是记忆，更加符合学生个体差异的特点。最后，学生参与评价过程，有助于他们的自主学习和自我发展。

（三）对跨文化外语教学评价方法的综合审视

跨文化外语教学的特殊性需要评价方法更加关注语言交际和跨文化交际能力的认知、情感与行为多个层面。传统测试无法全面评价学生是否达到能力目标，因此，观察描述法和作品集评价法等方法更为适合评价学生的行为表现与情感素质。

传统的测试形式往往难以全面检验文化教学中的多个目标，如文化意识、态度、行为和学习方法等。这是因为传统测试通常侧重于测量学生对于零碎知识的记忆和理解程度，而忽略了文化教学中更为重要的方面。然而，通过观察学生在学习过程中的努力、在真实环境中的表现等方式，能够更准确地评价学习情况。这种观察方法不仅可以更全面地了解学生的学习状态，还能够捕捉到学生在实际情境中展现出的文化素养和能力。

形成性评价作为一种更为综合的评价方式，受到了学生的欢迎。与传统测试相比，形成性评价更注重学生的学习过程和成长，而非仅仅是机械地记忆零碎的信息。综合评价能够更准确地反映学生的学习情况，因此，能够更好地激发学生的学习兴趣。这种评价方式不仅能够给予学生更加积极的反馈，还能够帮助他们更好地理解和掌握文化教学的内容。

以学习过程为重点的评价方法能够改变学生被动地接受测试和评价的状态，从而培养其自主学习意识和能力。通过将学生置于学习过程的核心，评价不再是一种单向的信息传递，而是与学生共同探讨、反思和改进的过程。这种评价方式能够激发学生的学习动机，使他们更加主动地参与学习活动，并且更有利于他们的长期学习和发展。

尽管真实评价方法更贴近实际教学需求，但其效率较低，需要更多的时间、人力和财力投入。真实评价往往需要教师对学生的学习过程进行长期观察和记录，并且需要设计更为复杂的评价工具和流程。尽管真实评价能够提供更为准确和全面的评价信息，但在实际操作中可能存在一定的挑战和限制，因此，目前最好的方法就是两者结合使用，实现优势互补。

三、文化教学评价的主要内容

（一）具体文化层面

就具体文化层面而言，文化教学评价包含以下五个方面的内容：（1）文化知识，知晓有关目的文化的历史、地理、政治和社会等宏观层面；（2）文化功能，理解目的文化在其社会各种场合的功能，在语言使用中的体现，在个人生活中的作用，这是文化的微观层面；（3）文化价值观念，理解并能阐释目的文化的世界观、价值观和信念，及其对人们日常生活与工作的影响；（4）文化差异，了解并能理解目的文化与本族文化的差异；（5）交际能力，使用目的语言和以上相关文化知识，并能与来自目的文化的人们进行有效、恰当的交流。

（二）抽象文化层面

就抽象文化层面而言，文化教学评价包含以下三个方面的内容：

1. 文化意识

对文化差异具有敏感性，能用不同的文化参考框架解释文化差异。

2. 跨文化交际能力

能够灵活应对不同的文化，与来自目的文化和其他文化群体的人用外语进行恰当、有效的交流。

3. 文化学习能力

掌握文化探索、学习和研究的方法。

此外，文化测试和评价的内容也可以从知识、态度与技能三个层面进行分析：（1）知识包括普遍文化知识（文化的普遍规律和文化的作用等）和具体文化知识（本族文化、目的文化和其他各种文化），宏观文化知识（某一文化的历史、地理、艺术等）和微观文化知识（某一文化的社交礼仪、生活习俗、价值观念等）；（2）态度，是指对某一具体文化群体的看法和接受程度，包括对文化差异的敏感性；（3）技能，指在跨文化交际中的行为表现，也就是文化知识和情感态度在行为层面的表现。这三个测试和评价的层面由于分别涉及认知、情感和行为，测试和评价它们的方法必然有所不同。

由于文化只是跨文化外语教学中的一个部分，文化教学测试和评价必须与语言内容的测试和评价结合起来，形成一个整体。这一点在很大程度上取决于测试和评价的方法。

四、文化教学评价的方法

（一）文化知识的评价

文化知识指个体对于文化信息、模式、价值观念及文化差异的认知理解能力。这种知识可以分为两种主要类型：普遍文化知识和具体文化知识。普遍文化知识主要涉及文化学、社会学等学科的研究成果，对外语学生来说，理解文化的作用至关重要。通常，普遍文化知识的测试形式是通过传统的笔试进行的。宏观文化知识，又被称为"被动文化知识"，是指学生用来理解外国文化，但在实际交际中并不直接使用的知识。在测试方面，常见的形式包括填空、选择、判断、名词解释和问答等。相比之下，具体文化知识更加重要，因为它直接影响着语言和非语言交际行为。然而，具体文化知识往往更加难以把握，因此，在测试和评价时需要更加细致与复杂的方法。

通常情况下，测试会采用传统的形式，结合情境化的设置，以更好地反映学生对具体文化知识的掌握程度。测试方法需要对文化教学大纲中的知识进行全面细致的分析，将其细化成具体的测试项目，并根据所测知识的特点确定最合适的测试形式。通过这样的方法，可以更有效地评估学生对文化知识的掌握程度，促进其跨文化交际能力的提升。

（二）情感态度的评价

情感态度在跨文化交际能力中十分重要。有研究学者认为，学生需在情感和态度层面同步发展，才能提高跨文化交际能力。然而，在文化学习测试和评价中，情感和态度层面常是最大的挑战之一，因其涉及学生的心理和情感。尽管存在困难，但情感态度的测试研究一直在进行。早期测试方法包括社会距离等级法、陈述判断法和语义级差法。随着跨文化研究的不断发展，最新的测试方法，如跨文化发展模式已逐渐崭露头角。这项测试旨在衡量个体对外国文化的接受程度，根据他们在不同情境下是否愿意与某一外国文化群体接触的程度划分为四个等级。首先是结婚，这代表了最亲密的关系，需要对对方文化有深度的了解和接受。其次是做好朋友，这要求对对方文化有一定程度的认同，但相较于结婚来说，要求可能会稍低。再次是做邻居和同事，这需要在日常生活中与对方文化群体进行互动，因此也需要一定程度的接受。接受他们来本国旅游，表明了对外国人的开放程度。最后是不准他们进入本国，则代表了一种相对封闭和排斥的态度。这种测试方法一直在使用，并通过灵活调整以适应不同的情境和文化背景，以确保准确性和有效性。

语义级差法是一种评估文化认知的方法，通过对一系列反义词和形容词的描述，呈现文化的不同侧面。答题者需在五个等级中选择，表达对文化的态度和认识。陈述判断法由描述外国文化的陈述句组成，答题者需选择认为正确描述该外国文化的句子。跨文化交际中的观察方法将情感态度与交际行为融为一体，通过观察学生在跨文化交际中的表现进行评价，需要设计详细、可靠的评价指标和标准。情感态度测试和评价可以通过多种方法实现，包括语义级差法、陈述判断法、观察跨文化交际中的表现。这些方法能够在一定程度上了解学生对某一具体文化群体的情感态度。

（三）文化行为的评价

文化行为指在交际过程中受文化影响的行为，既包括语言表达方式，也包括非语言的行为举止。为了评价文化行为，有传统笔试形式和行为表现评价法两种方法。传统笔试形式包括选择、判断、问答等，但真实性受到质疑，因为这些形式往往难以捕捉到交际中的真实情境和非语言因素。相比之下，行为表现评价法更加真实有效。它通过情境描述和模拟现实任务进行测试与评价文化行为，使被评价者置身于真实的情境中，从而更准确地观察和评估其文化行为。通过观察被评价者在模拟情境中的言语和行为反应，评价者能够更全面地了解其对文化环境的适应能力和文化行为的表现水平。因此，行为表现评价法被认为是一种更具有可信度和准确性的文化行为评价方法，因其能够更真实地反映出被评价者在实际交际中的文化行为表现。

行为表现评价法是企业人力资源部门用来评价员工工作表现的方法。传统测试方法基于行为主义学习理论，无法满足外语教学培养外语交际能力的需求。随着外语教学的不断发展，基于建构主义学习理论的行为表现评价法越来越受到外语教学研究者的青睐。该方法的目的是评价学生应用知识分析和解决问题的能力。它通过观察学生的实际行为评价其能力，而不是单纯依靠理论知识。在企业招聘和选拔人才时，行为表现评价法被广泛采用。例如，企业在聘用教师时可能要求进行试讲，以便评估其教学能力和表现。另外，在新员工入职时通常会有试用期，通过观察员工的实际工作表现评估其是否适合公司的岗位和文化。这种方法强调实践能力和应用能力，与传统的理论考试相比，更加贴近实际工作环境和需求。

将行为表现评价法应用到外语教学的关键优势在于其直接性、真实性，它更能反映学生的语言应用能力。外语学习的目标在于提高交际能力，而非仅掌握语言知识。传统测试方法如选择、填空等有效评估语言知识，但并非外语学习的核心。基于任务或项目的行为表现评价法能更准确地评价学生的交际能力。此外，这种评价方法可有效指导课程设计和教学策略。通过真实的交际任务，学生需要运用语言知识解决实际问题，这种情境使评价更加贴近实际语言应用场景。评价结果能够直接反映学生在交际过程中的表现，包括语言流畅度、准确性以及交际策略的运用。教师可以根据学生的表现调整教学内容和方法，更有效地提升学生的交际能力。

行为表现评价法是一种广泛运用的评价方法，通常由任务、形式和评分体系三个主要部分构成。在实施过程中，首先要确定评价的内容和目的，确保评价与学习目标一致。其次，设计真实任务，这些任务应该能够充分展现学生所需知识和技能。明确所需的知识和技能，以确保任务的准确反映。在任务设计完成后，需要核实任务是否恰当地反映了学生的知识和技能水平。再次，确定评判标准和等级，以便对学生的表现进行客观、准确的评价。在评价过程中，介绍评价的目的、内容、形式和标准，使学生清楚评价的标准和要求。在观察学生表现时，需要与评价标准进行对照，以便评价者准确地评判学生的表现。最后，将评定结果反馈给学生，让他们了解自己的表现，并为进一步的学习提供指导。这一反馈过程有助于学生认识到自己的优势和不足，从而更有针对性地进行学习和提高。

实施行为表现评价法的关键在于制定合理、客观、易操作的评分系统。这种方法采用主观整体评分，缺乏可靠的评分标准会影响信度、效度和公正性。制定详细评分标准是通用做法。评分系统的制定需要考虑到行为的多样性，以确保能够全面准确地评价员工的表现。特定工作岗位的评分系统应该与岗位职责和绩效目标相契合，以确保评价的公正性和客观性。尽管行为表现评价法是有效的文化行为评价方法，但也存在弊端，如评估过程耗时较长、评价结果容易受到主观因素的影响。因此，不能仅依赖这种方法，而是应该将其与传统测试结合使用，以获得更全面、客观的评价结果。

第三节　外语教学中跨文化交际能力的培养

一、跨文化交际能力培养的情感体系

跨文化交际能力培养的情感体系，具体包括对不确定性因素存在的包容程度、灵活性、共情能力、悬置判断能力等方面。为了确保跨文化交际能够顺利进行，在外语的跨文化教学中，对于学生外语文化学习的浓厚兴趣的培养是极为重要的。教师要培养学生对于外语民族文化的欣赏性，从内心深处愿意了解、认识并接受外语民族的文化知识内容。

在当下全球化发展背景下，我国当前实施的外语跨文化教学不能只注重外语民族文化知识内容的导入，而应在对本民族的母语文化给予足够重视的同时，实现双向的交叉教学。在教学过程中，不只要让学生对外语民族文化知识和本民族的母语文化知识有所认识与理解，对于用外语表达本民族的文化传统特征也有深入的掌握；让学生对于已经掌握的文化知识进行内化，进一步生长为他们自身独有的一笔宝贵文化财富。通过实现中外文化的兼容并蓄，学生对于文化的理解认识能力必然会有一定的提升，判断力与整合能力也会相应增强，敏感性与洞察能力也有所完善，对各种新知识能够进行理性分析与判断，从而以一种博大的胸怀、更为高远的智慧，应对跨文化交际过程中可能发生的矛盾冲突。

（一）英汉文化并重，消除"中国文化失语症"的影响

在全球化发展的背景下，我国的发展引来世界各国的关注，世界的发展也离不开我国的参与。也就是说，在全球化的发展过程中，我国不再单向地把世界的先进技术与文化引入视野中并为我所用，还要将我国的优秀传统文化、先进科学传播到世界各国人民的视野中。但现实情况是，在很多能够说一口流利外语的毕业生中，提起其他国家或民族的一些文化传统与习俗，知之甚少；对于本民族母语文化的传统与习俗，也不能够全面理解，更不用说用外语对本民族的母语文化进行准确表达了。可以说，"中国文化失语症"现象已经成为当前跨文化交际中频繁出现的一个高发问题。若想我国真正地走进世界人民的视野中，运用外语准确地表达具有中国传统特色的文化、理念或事物，是非常必要的。

在外语跨文化教学过程中，需要关注将外语民族文化融入外语教学中，并且最终实现双向教学导入。在一种母语文化与目的语言文化并重的学习氛围中，本民族的母语文化才能同外语民族的文化在学生身上更好地形成一种互动作用，从而激发学生的文化创造力，加深和拓宽学生对于本民族母语文化的认识与理解，帮助学生在立足本民族语言文化的基础上更好、更深入地进行跨文化交际与学习，提升他们的跨文化交际能力，更好地培养他们的跨文化意识。

无论是教学主管的各级部门，还是学校教师，都应该有意识地引导学生在外语的跨文化交流与学习的过程中，注意对于本民族的母语文化的学习与理解表达，注意保持自己的民族文化道德底线，从而消除"中国文化失语症"现象对跨文化交际的影响。这就需要做到以下几点：

1. 充分发挥教学主管部门的监督引导作用

我国的教学主管部门首先应该做到的是一种与时俱进的态度，能够对世界发展态势、跨文化交际过程中出现的问题及动态进行监督引导，从而及时提醒我国教学界对于跨文化交际中出现的问题给予及时的纠正与应对解决。用外语表达中国传统文化的规定，应在各类教学部门的文件与教学大纲中有明确的规定，从而确保教学部门在外语跨文化教学中所具有的监督性与引导性。这一点要在不同的外语教学层面与测试考核中有所体现，从而确保在外语教学的过程中真正实现中国母语文化的传授与影响，在此过程中，中国各级教学部门、学术界以及学校都切实地给予足够的重视，相互协作，使其在教学实践中真正有效地实行。

2. 提高教师自身的文化素养与教学水平

就目前我国的外语教师队伍来说，无论是对于外语民族文化知识的认识与理解，还是对于中国本土文化知识的理解，都存在着很大的差距，更别说用外语表达中国本土文化特色的传统知识了，那就存在更大的欠缺。作为一名外语教师，特别是面对着跨文化交际的发展态势，不仅需要自身具备相当的跨文化交际的背景知识，还需要具备培养学生的平等文化意识，在对学生进行中华优秀传统文化事物的外语表达教学的过程中，提升自己的跨文化教学效果。

此外，我国外语教师自身不仅要具备一定的文化素养与宏观意识，更需要有微观方面的具体教学操作能力。例如，在教学过程中，教师可以通过有意识地对两种文化进行比较，增加中国文化的外语表达内容，以此平衡外语文化与母语文化知识内容的授课比例。可以结合课文内容与实践需求，对学生进行分组，通过关于中西方文化内容的对比训练，从而使学生对自身的文化缺陷有所认识，并且进行适当的弥补与改善，进一步加强学生对于中西方文化的认识与理解，促进大家用外语表达中国特色的文化与事物的能力，并且能够较为充分地掌握其相关的结构与表达方式。

3. 提升学生跨文化交际的主动性

一些跨文化交际的情境模拟，对于培养学生跨文化交际主动性具有一定的促进作用。在跨文化交际的真实感受过程中，学生可以领悟跨文化交际的深刻含义。无论是学校还是教师，都应该积极鼓励学生抓住一切参加跨文化交际的机会，积极参加一些国际性的文化交流活动。例如，一些国际性的赛事都需要志愿者，对于学生来说，是很难得的跨文化交流的机会，希望教师与学生能够积极关注有关方面的信息，并积极地参与。

通过参与一些现实的跨文化交际活动，学生能够感同身受地理解中国文化受到世界的关注；同时，对中国文化外语表达的问题获得切身体验，使其从自己的意识深处认识到中国文化在跨文化教学过程中所具有的重要意义，从而注意培养自己的母语文化的外语表达能力，在跨文化交际中树立起自己对于本民族文化外语表达的自信心，最终实现跨文化交际的目的，将中国文化传播给世界。

（二）消除母语的负迁移，发挥正迁移作用

从本质上来说，学习一个民族的语言，就是对这一民族文化的学习。外语学习是在对中西方文化的学习与交融过程中，以本国学生早已有的母语为基础，导入外语民族的文化知识内容，从而使其具有双语表达的能力。学生的本民族语言文化早已深入学生头脑之中，文化的迁移作用必然发生在外语的学习过程中。在外语的跨文化教学中，教师要营造出一种合适的语言文化氛围，在突出语言知识技能的同时，也能够更好地强调其客观的文化背景、交际环境以及思维方式等方面的差异性学习，从而使学生真正进入跨文化交际时能够得体地使用外语，避免文化冲突矛盾与交际尴尬。

所谓迁移作用，就是学生在进行学习的过程中，学生本身已经拥有的知识必然对其学习新的知识内容产生一定的影响。那些能够促进新知识内容学习的迁移，被称为"正迁移"；那些对新知识的学习产生阻碍的迁移，被称为"负迁移"。根据行为主义者的观点，语言学生在学习过程中产生的母语负迁移，就是外语学习中犯错误或者是产生障碍的原因。

文化迁移的主要表现，就是在跨文化交际过程中语言使用的不得体性。这种不得体性就是跨文化交际不能顺利进行、发生矛盾冲突的原因所在。对于母语的迁移作用应给予足够重视，在外语教学的过程中，有意识地提升外语学生的文化素养；对于外语民族的文化知识内容进行认真的学习与理解，从而提升语言学生的语言敏感性，以消除母语文化的负迁移作用，对于跨文化教学具有重要的意义。

在进行外语跨文化教学时，需要努力预测可能发生的母语文化的负迁移作用，在进行外语民族文化同母语文化的比较分析过程中，尽量减少母语文化的负迁移作用，积极并充分地利用母语文化所具有的正迁移影响，提升学生的跨文化交际能力。那么，如何在外语教学过程中较为有效地消除母语文化的负迁移作用，充分发挥正迁移的影响？具体可以从以下几个方面进行：

1. 重视英汉语言文化与外语教学的关系

所学语言的文化和所学的语言紧密相连。对于所学语言文化的熟悉，有助于得体使用这一语言的整体性。因此，这就提醒我们在外语跨文化教学过程中，应该对于外语与汉语之间的文化因素给予足够的重视，提升学生对于两种语言文化的敏感性与适应性，树立起相应的文化意识与文化观念，我们的外语教师在传授语言知识的同时，对于文化知识内容也应该给予相当的重视与关注，并且能根据学生已有的文化水平设计自己的教学内容，确定文化教学的相关知识。在文化知识的传授过程中，教师始终都是一名组织者与指导者的身份，切忌为学生大包大揽，面面俱到。

2. 外语教学与文化教学相结合

语言是一种音义结合的符号系统，会随着社会、文化及时间等方面的变化而产生相应的发展变化。在外语跨文化教学过程中，要根据外语语言的语音、词汇、句法及语篇等一些较为具体的方面，构建我们的文化教学体系。通过具体的听、说、读、写及看视频录像、举办外语文学讲座等实践性活动，引导学生对外语民族的文化知识内容进行实践性认识与理解。此外，还可以通过对两种语言之间存在的语法、句法、结构、文化内涵等方面内容的对比，帮助学生形成跨文化交际意识，并提升文化敏感性。

3. 外语教学要培养学生的文化意识

在语言的语音、语法、词汇、篇章及对话乃至认知模式等方面，都深蕴着一个民族的文化内容。在外语跨文化教学过程中，教师应该引导学生遵循循序渐进的原则，有选择、分阶段地进行英汉文化的系统对比，而不是盲目地对西方文化全盘接受。这样才能培养起学生有意识地、有目的地了解和认识外语的思维模式与认识模式。

外语教师要做一个有心人，善于收集整理那些包含着外语民族文化背景知识与社会风俗习惯的实例。事实上，很多语言材料是朋友家人之间的相互来往接触中的对话。如果在教学中结合视频语音资料，引导学生如同进入一个真实的面对面对话的场景中，然后教师运用这些视频语音材料进行教学，有意识地指明对话中应该遵循的文化规约，使学生对外语文化有更进一步的深入理解与认识。这种以讲授文化背景知识的方式进行的文化教学，不仅能够使学生对于文化有更深一层的理解和认识，更能够有效地提升外语跨文化教学的教学效果。

此外，教师应有意识地鼓励和引导学生进行课外学习，利用课余时间让学生有选择性地观看一些影视作品，举行一些具有西方文化特色的课外活动，将学生带入真实的西方文化环境中，使大家更为真切地认识西方的文化传统与习俗，从而培养学生良好的跨文化意识与学习习惯。

（三）树立语言文化平等观，加强培养学生文化移情能力

任何一个民族的语言与文化都有其产生的渊源与理由，它们之间是平等的，没有高低贵贱之分，都是世界文化的重要组成部分。因此，在外语跨文化教学过程中，教师一定要注意培养学生树立起语言、文化的平等观念，引导学生对于世界各民族的文化特性给予重视，从而提升多元文化的意识，强化学生文化移情能力，引导学生能够用一种平等的观念和视角看待本土的母语文化与异族文化，用科学的态度对待母语文化与异族文化之间的差异性和平等性。

1. 树立平等意识

不同的民族与不同的文化之间的相互交流，对于丰富彼此的文化内容具有很大的作用。但是，这种彼此之间的交流，要建立在平等的基础上。首先学生要明白，不同文化之间的交流产生的相互碰撞与误解，是很正常的，关键是怎样处理好这些源于不同文化产生的碰撞与误会。

在不同的民族文化之间的交流与合作过程中，交际双方要本着一种彼此了解、尊重的态度对待文化，并且能够宽容地对待彼此文化之间的差异。只有具备了这样的态度，才能真正实现不同民族文化之间的交流与合作。跨文化交际是在两个或者两个以上民族之间发生的文化交流，交流的

双方最好能够对彼此之间的文化特性有着较为充分的理解与认识，能够充分地尊重彼此的文化习俗，相互理解，共同交流。在外语的跨文化教学中，要注意培养学生的文化平等意识，文化交流的双方都是平等的，民族文化之间没有高下之分，任何文化霸权主义的观点与态度，在跨文化交流中都是错误的表现。

无论哪一个民族的文化，都有其自身的生成发展原因。因此，任何一种文化凌驾于另一种文化之上的态度都是错误的。对于民族文化之间存在的差异性，要能够将其进行很好的协调，使其达到和谐统一，从而实现共同发展的目标。不同的民族文化之间的相互交流，必然促进彼此共同发展创新。事实上，文化只有一方面保持自己的特色，另一方面能够和其他文化相互促进、彼此融合、共同发展，这样才能形成一种动态的平衡。

外语的跨文化教学，是当前跨文化交际的需要。其一，能够顺利地同外语民族的人进行交流，更好地认识、理解外语民族文化的精髓；其二，能够准确流畅地用外语对本民族的母语文化进行传播，使世界各民族的人民对于中国的优秀传统文化有更好的理解与认识，从而有效减少跨文化交际时可能发生的矛盾冲突与误会。那种放弃了传播发扬本民族文化而单向地学习吸纳异族文化的态度是错误的。任何一个民族的文化都有各自的优点与长处，都是这一民族的人民在漫长的历史发展过程中总结积累下来的经验。伴随着各民族经济政治发展的全球化态势，各民族的文化发展也呈现出多元化的特征。因此，在跨文化交际过程中，每种民族文化都应该不断地从其他民族的文化中汲取精华、取长补短，不断地丰富自身文化的不足。在外语跨文化教学过程中，一定要注意学生对西方文化的学习，因为西方文化对于中国的学生来说，是一种完全陌生的知识，但是在学习西方文化的同时，也要杜绝唯西方文化独尊的观念，而轻视或者是忽略了对本民族文化的关注。跨文化交际，要以平等的观念与态度对待交际双方的民族文化，这样才能更好地取长补短，进行交流与合作，实现共同繁荣。

这是一个文化多元化发展的时代，为了适应这一时代特征，必须引导学生打破母语文化与外语民族文化的禁锢，以一种包容的姿态对待异族文化，对于不同民族文化之间的差异性，能够做到宽容、理解、尊重，并且积极地在不同之中寻找相同之处，建立起语言文化平等的观念，在处于动态的跨文化交际过程中，对于文化的参考框架进行随时调整，彼此之间相互协商，积极构建跨文化交际的平台，从而顺利实现跨文化交际的最终目标。在外语跨文化教学过程中，应该积极推动学生接触多种民族文化，以便更好地增长学生的文化见识，而不是仅局限于对外语民族文化的认识与学习。培养学生动态的、主动适应多元化交际的意识，是外语跨文化教学培养跨文化交际人才的最终目的。

2. 培养学生文化移情能力

（1）文化移情的内涵

所谓"文化移情"，是指在跨文化交际过程中，交际者能够以目的语言的思维观念看待问题，用对方的立场观点思考交际中出现的事物，交际者能够有意识地超越本民族母语文化的思维定式，超越母语文化对于自己思维观念的制约，从而能够以一种超越的观点态度对待、感受、体验、理解目的语言的民族文化。在跨文化交际过程中，文化移情是一种极为有效的沟通能力，是能够将交际者的语言、文化与情感连接起来的桥梁。

在有效的跨文化交际中，文化移情能力是指交际者尽量置身于另一种文化情境中，以另一种文化的思维模式去设身处地地思考，通过语言及非语言的形式去体验、表达，从而向交际对象表明自己已经完全理解了交际的内容。文化移情主要有两个方面的表现：一个是语言语用方面的移情，指说话者有意识地用某种语言向交际对象表达或者是传达自己的某些意识，以便使倾听者能够正确地理解自己想要表达的意思；另一个是社会语用方面的移情，指交际者双方都能够立足于对方民族文化的观点与思维方式去看待事物，设身处地地为对方着想，能够尊重彼此的民族文化习俗，对于两种文化之间存在的差异性，也能够以足够宽容的态度去面对。一个具备文化移情能力的人，一定是一个能够与时俱进、具有开放文化价值观念的思考者。

毫不夸张地说，文化移情能力对于跨文化交际的成败有直接的相关作用。因为跨文化交际双方之间存在文化性差异，交际双方在各自的民族文化成长环境中形成了各自的思维模式、价值观念、风俗习惯等固定模式，在进行跨文化交际时发生一些矛盾冲突是不可避免的，但是对于那些具有较强文化移情能力的人来说，发生矛盾冲突时，就能够以对方的立场看待解决问题，从而较为有效地避开容易发生冲突的地方，使跨文化交际能力顺利进行。

（2）实现文化移情的必要性

人类社会出现之后，人类的生产实践活动逐渐地向着一个更为深入广阔的层面发展。每个民族都是在一个相对独立的社会生产实践的环境中来完成各自民族文化的生成发展的，因此，不同的民族文化，都有着鲜明的民族特色。每个民族的文化，都是在自己民族的丰沃的土壤中发展成长起来的，在发展的过程中，被打上了独属于自己民族的鲜明的印记。每个民族，无论是社会的政治、经济，还是文化、制度，都必然在社会历史的发展过程中形成自己民族的特色。同样地，这些不同的民族之间，必然要在民族意识、民族文化等方面呈现出一定的差异性。在跨文化交际中，最容易产生的问题，就是交际者由于长期浸渍于自己民族的文化意识氛围中，已经习惯了本民族母语文化的交际模式、思维方式以及语言表达习惯等。这样在进行跨文化交际时，若是不具备相当的文化移情能力，就很容易以本民族的母语文化意识、交际方式来同其他民族的人进行交流，在产生矛盾冲突时，也很容易以自己民族的思维习惯、价值观念看待和解决问题，从而加深彼此之间的隔阂与误会。例如，在中国的文化传统中，如果获知亲朋好友生病住院，在第一时间赶到医院去对亲朋好友进行问候，那么对方也会感觉到很温暖。可是，在西方外语民族的文化中，则认为朋友住院，对于生病的人来说，最好还是少去打扰，让对方安静养病比较重要。因此，在这两种不同的文化中，若是不理解对方的文化习俗，发生冲突误会就是不可避免的了。比如，一个美国人生病住院了，中国朋友在不了解习俗的情况下热情洋溢地去医院看望，反而会好心招反感。因此，对于跨文化交际的双方来说，只有具备文化移情的能力与意识，才能在跨文化交际过程中尽量减少误会与矛盾冲突，从而保证跨文化交际的顺利进行。

（3）文化移情能力的培养

文化移情能力的培养，首先是对学生文化敏感性与宽容性的培养。交际者首先应该客观地正视跨文化交际双方之间存在的文化差异性，这种文化的差异性导致了彼此之间的价值观念、思维方式、文化习俗等方面的不同。若想保证跨文化交际的顺利进行，就需要交际者对交际对象的社会文化中所遵循的交际规则、语言表达方式等有深入的理解与认识。跨文化交际中敏感性的提升，其实就是对交际对象的文化敏感感知性的提升。之所以在跨文化交际过程中容易产生误会冲突，是因为在文化感知方面出现了问题。跨文化交际研究理论认为，四种社会文化因素——价值观、心态系统、世界观和社会组织，共同作用并对人类的感知产生着极为重要的影响。但是具体来说，移情能力的培养，最好的方法就是到目的语言国家去生活一段时间，这样可以从方方面面对这一民族有一个全面的体验与认识。如语言的使用，究竟有什么样的风俗习惯、文化传统需要遵循等。若没有到目的语言国家去生活体验的机会，那么可通过观看目的语言国家的视频录像等弥补不足，通过影像资料对目的语言国家的民族文化习俗等有一个较为全面的了解与认识。

跨文化交际过程中的文化移情过程可以按以下六个步骤进行：

第一步，承认文化存在差异性。当今世界是一个多元化的世界，不同的人看待世界的眼光并不相同，因而世界在不同的人眼中会呈现出不同的面貌。无论就个体还是文化而言，都存在很大的差异性。

第二步，认识自我。能够对自己进行客观公正的评价与分析。

第三步，悬置自我。想象自己是任意的界域，能够超出自我与世界的所有部分。

第四步，体验对方。将自己想象成目的语言对象，能够设身处地地真正进入对方的立场，体验和理解目的语言的文化。

第五步，准备移情。充分做好移情的准备，持有一种开放的文化价值观念与态度。

第六步，重建自我。在充分接受并且认识另一种异族文化的同时，也需要对本民族的母语文化有清晰的认知与恰当的态度，尤其要清楚其优势。

总之，文化移情是多元化文化发展交流中实现顺利交流最为有效的途径，若想在跨文化交际过程中跨越不同民族文化之间的差异性障碍，顺利进行文化交流，文化移情是必要的。不同的民族文化具有平等性，文化移情也要遵循一个适度的原则。任何一个民族在跨文化交际中都有权利维护本民族的文化尊严，做到不卑不亢。

在外语跨文化教学中，对于学生的文化移情能力的培养应该给予足够的重视，这是外语教学的一个重点。外语教师在正确的移情理论指导下，充分利用课外时间，通过设计各种外语跨文化交际实践情境，将学生带入真实的跨文化交际场景中，锻炼学生的语言运用能力与外语民族的文化知识认识理解能力，诸如此类的实践活动很多，如外语演讲比赛、外语歌曲比赛、办外语手抄报等。随着网络的发展，学生还可以通过网络同外国朋友视频、聊天、交朋友等。这些活动对于增强学生的文化移情能力、培养大家的文化移情意识具有极大的促进作用，从而使学生在多元化的全球发展态势中，能够顺利地进行跨文化交际。

二、跨文化交际能力培养的行为体系

从行为层面来看，跨文化交际能力可以分为解决问题的能力、建立关系的能力、在跨文化交际中完成行为的能力。交际者所具备的良好的个人文化适应能力与互动能力，是跨文化情境中顺利完成跨文化交际任务的必要保证。在外语跨文化教学过程中，教材的选用和教学策略的运用对培养学生跨文化交际行为能力，具有较为直接的影响。

外语跨文化教学所用教材，是教学的主要内容承载者；对于师生的教学来说，是主要的依据与导向。在外语跨文化教学任务的完成过程中，外语教材起着关键性的作用。

就目前我国外语学生的状况来看，外语民族的文化传统、风俗习惯、价值观念、思维方式等方面的了解与认识，其实是非常不充分的，这与目前外语教学中教材的编写与选择有直接的关系。

外语跨文化教学在选取教材时，既需要考虑到提升学生跨文化交际能力所可能涉及的各方面，又要能够通过多种形式的练习题设计，将复杂的跨文化交际中所需的各种技能与知识融入其中。例如，从跨文化知识的导入开始，解释语言表达中所深蕴的文化内涵，从而拓展和文化有关的知识内容。通过对具体案例的分析与点评，培养学生的全球文化意识与跨文化的敏感性。通过真实的情境扮演与角色分析，引导学生体验跨文化交际中可能出现的文化冲突与矛盾，从而增强学生的文化分析能力与判断能力。通过真实的新闻媒体报道等方式，锻炼学生应对跨文化交际中的生活场景或是工作场景中可能出现的跨文化问题，提升学生解决跨文化冲突的能力。如果我们在当前的外语跨文化教学过程中忽略了实践的教学环节，那么可能只能培养学生的跨文化交际意识及文化敏感性，但是并不能够提升他们的跨文化交际能力。只有带领学生进入真实的跨文化情境中，引导学生进行真实的跨文化体验实践，才能真正使大家具备跨文化交际意识，并且将这种跨文化意识和敏感性切实转换为跨文化交际能力。因此，教材需要满足以下需求：

（一）教材应体现文化内容与语言内容的自然融合

外语跨文化教材内容的编写与安排，最好能够以文化为单元，教材中的每个部分都有一个鲜明突出的文化主题，运用语言在潜移默化的文化氛围中感染学生、熏陶学生，使其在文化的浸染中熟练地掌握外语民族的文化与语言的使用规范。张红玲曾经说，语言内容同文化内容的有机结合，是跨文化交际外语教学的核心思想。语言同文化都是教学的目的与手段，两者不可分割。教材中，系统的文化主题构成主线，语言教学的内容实际上同这些文化内容融为一体。

在教材的编写内容及安排上，一定要注意考虑外语跨文化学习的学生所置身的环境、语言的需求，以及其所拥有的知识结构与层次等方面的因素。其中，应该蕴含着有关外语民族社会风俗、历史文化、人文价值观念等方面的知识内容，对西方不同国家的文化知识与中国的优秀传统文化进行比较性的介绍说明，在比较学习研究的基础上，引导学生认识和理解中西方文化存在的差异性。

与此同时，外语跨文化教材的编写与安排还要注意培养学生批判性思维方面的技能。对于外语民族的文化传统及事物，能够用一种批判性的审视目光与思维方式进行接受，从而更为深入地体验和感受母语文化同外语民族文化的差异，帮助学生建立起怎样才能更为有效地进行文化沟通的能力。教材所选内容要积极向上、充满正能量，它是人类共同的优秀精神文化财富，通过潜移默化的形式传授给学生，从而对学生的价值观、人生观等形成正面的、积极的影响。

具体来说，在外语跨文化教学的教材内容选择方面要把握好以下几点：

（1）选取那些和外语国家有关的历史文化、政府机构、经济发展、民族风俗等方面的知识内容，对于学生更深入地理解和认识外语民族的文化特色有一个全面的帮助；（2）从母语文化中选取一些较有文化特色的侧面介绍，以便帮助学生更好地、从较深的层面进行外语民族文化与母语文化的比较，从而更好地培养大家对于母语文化同外语文化之间的差异性的敏感度与感知能力；（3）努力拓宽文化比较的涵盖面，在选取内容时不要局限于母语文化同目的语言文化的比较，还可以关注主流文化同非主流文化之间的比较，使学生在意识中将主流文化和非主流文化放置到同等的地位，并给予理解与尊重。

（二）教材内容的安排应循序渐进且多元化

任何一个民族的文化都具有一定的动态性、复杂性与多层面性，因而在安排教材内容的时候，不能遵循古板的教学内容与原则。特别是外语跨文化教材的编写，其所选内容要有一个循序渐进的过程，要注意较强的可操作性。只有如此，才能引导学生在体验外语民族的文化时有一个不断加深与理解的过程。

教材内容的程度深浅也要有一个循序渐进的过程，逐渐由表及里、由浅入深、由具体到抽象。课程的内容安排能够使其在不同的教学阶段以不同的形式重复出现，范围随着课程内容的由浅入深而逐渐扩大。另外，在编写跨文化教材时，需要遵循系统性、一致性、层次性、前沿性、时效性的编写原则，要与时俱进，既能够体现西方文化的精神特质，也能够反映出这个伟大时代对人才需求与培养的变化，将人文关怀与素质培养很好地结合起来。

（三）教材内容的选取要注意真实性、语境化、多样化

能够适合外语跨文化教学的教材，一定要遵循教学材料真实化与语境化的原则。这是因为：只有在真实化的语言教材的基础上，才能让学生对于所学内容从认知、心理、态度、行为等方面产生一定的反应与感受，才能使学生具有较为真切的跨文化交际的体验和感受。这里所说的教材内容选择的真实性，是指所选内容在现实生活当中是真正用到的，而不是只为教学设计出来的。语言与文化之间的密切关系已经是大多数学者专家认可的事实，无论哪一个民族的语言，都是根本不可能离开其所产生发展的文化环境而单独存在的。只有充分地考虑到语言所置身的文化环境，才能对语言有一个深入的理解与认识。

因此，在编写跨文化教材的内容时，应该注意选取那些和学生日常生活密切相关的或者是学生重点关注、感兴趣的热点问题与内容，不仅要具有真实性与情境性，还必须具备相当的文化性与人文精神性。也就是说，外语跨文化教材编写选择的内容应是原汁原味、顺畅自然的外语文章，主题紧扣有关东西方文化差异性、沟通技能等方面，语境尽量为外语民族语言运用时的真实语境。总之，所有的文化信息都是有关文化系统中的意义信息。

此外，在教学过程中，还要设计大量与跨文化交际有关的练习题。练习题的设计要涵盖有关跨文化交际意识与技能培养等方面的内容，通过实践性的案例锻炼学生的语言运用能力、文化知识的掌握以及对现实语境的适应能力等。还可以结合具体的跨文化交际案例的模拟，培养学生在跨文化交际中所需具备的文化敏感性、宽容性以及面对跨文化交际过程中出现问题时的处理灵活性。

外语跨文化交际教材的编写，还要注意能够将跨文化交际过程中动态的人际关系和知识内容同跨文化交际实践具体结合起来，内容能够从多个角度、多个方面体现跨文化交际特性，注意选取问题时的多样性以及回答问题时的灵活性。例如，在具体的跨文化交际中，必然涉及语言知识与非语言知识方面的内容，不同的国家有着不同的文化特性，在同母语比较时呈现出来的差异性也是不同的，不同的民族，其思维方式、价值观念等方面也必然呈现出同母语文化不同的特性。此外，跨文化交际能力的建构与培养，其侧重点是对学生的文化相对论观念的塑造，以便使他们进入跨文化交际实践过程中的时候，面对可能产生的文化矛盾与冲突，能够迅速调适自我的情感与态度，进行换位思考；对于跨文化交际过程中的文化多元化问题，持宽容友好的态度来面对，从而使学生能够更为深入地理解和认识异族文化，突破文化单一的局限性，使学生能够较为充分地理解语言和行为、价值观念同行为规范之间存在的紧密关系；学生透过书本知识进入真实的现实生活，从更为本质的层面来认识和理解母语文化和目的语言民族文化之间存在的异同及其根源所在，最终目的就是培养起学生在面对异族文化时应该具备宽容、开放的态度。对于异族文化、价值观念、思维方式、社会风俗等，学生能够用对方的角度进行思考和解读；再通过各种案例模拟训练，使学生在课堂上能够真切地感受和体验跨文化交际的实践情境，从而为学生将来进行跨文化交际时可能出现的问题提供方法指导。

三、外语跨文化教学的策略

随着国际交流的日益频繁，跨文化交际成为当下的一个重要特征，外语跨文化教学也面临前所未有的挑战。培养具有高素质的跨文化交际能力的人才，已经成为21世纪跨文化教学的一个主要目标。对异国文化具备一定的敏感性与洞察力、自身具备跨文化意识的自觉性，是跨文化人才所必备的素质与修养。因此，加大对跨文化教学策略的研究力度，培养外语学生具备高素质的跨文化交际能力，已经成为当前跨文化教学的重中之重。这也意味着，必须加强外语专业教师的跨文化训练。

全球一体化的发展态势，使各民族与国家的语言的发展，有可能挣脱原有的社会文化发展环境而前行。对于一种语言在非母语文化情境中的使用，其必然经历一个再语境化的过程。在此过程中，这一语言是在一种完全不同于其母语文化所置身的环境中发生关系并相互作用，从而形成一种不同于母语文化的新的交际模式。而且，发生这种变化的，不是语言所置身的大文化环境，而是包括从本民族的文化与社会到地方文化和社会方方面面的各种交际环境。因此，在进行跨文化交际时，使用这一语言的异族交际者总是有意或者无意识地将本民族的文化思想观念、行为模式、使用习惯等融入该语言的使用中，导致语言使用时小环境的变化。不管怎样，一个民族的语言，只要在使用的时候脱离了其所置身的母语文化环境，发生再语境化，那么这种语言就必然同其使用的地方文化发生关系。正因为如此，外语跨文化教学过程中对于跨文化能力的培养才成为可能，并有其必然性。

（一）跨文化训练的目的

在过去对于跨文化研究的基础上，笔者总结出跨文化训练的目的，主要有以下三个方面：

1. 改变个人思想

跨文化训练的认知目的是使参与者的思想有所改变，从而使其达到四个目标，即能够站在目的语言民族的文化思维角度，认识理解目的语言民族的行为活动；减少对于目的语言民族的负面印象；尽量减少对于目的语言文化的简单化看法，并且尽量寻找一套有效的、系统的方法对目的语言的民族文化有着更为深入一层的认识与理解；通过长期的跨文化训练，使接受训练的人能够在意识行为中培养起一种"世界性开放心灵"的交际思维，并且能够对本民族的母语文化同样有着较为深层次的认识与解读。

2. 改变个人感情

跨文化训练在情感层面的训练目标是能够培养起参与者在同目的语言民族进行跨文化交际时，建构起正面的积极的情感。在这个过程中包括五个方面的改变：培养参与者能够从心里产生一种欣然的愉悦心情，同来自不同民族文化的人进行互动；对交际者在与来自不同民族文化的人进行跨文化交际互动时，可能产生的焦虑心理进行自我调节与去除；能够建构起在和来自不同民族文化的人建立工作关系时的感受；对于被分配的海外任务，能够欣然接受并发自内心地热爱；对于不同的民族之间存在的文化差异，能够以宽容、包容的态度欣然接受。

3. 改变个人行为

跨文化训练在个人行为层面上的训练目标是通过有效的训练，使受训者的行为有所改变，以更好地适应跨文化交际过程中同来自不同民族、不同文化的人顺利地建立起友好的交际关系，加强其工作及日常的行为互动等以行为为基础的表现。其中又包括以下项目内容：（1）和来自不同民族的多种文化背景的文化团队建立起友好的交流关系；（2）能够很好地适应并且承受在目的语言国家所需承受的压力；（3）能够使目的语言国家的人在进行交流时不存在沟通性障碍；（4）能够协助他人同目的语言国家的人建立友好的交际关系。

当然，跨文化训练要根据受训者所在的专业领域有针对性地进行。针对来自不同领域的受训者，有着相应的、不同的、具体的训练目的及方法，这样才能更好地满足跨文化训练和培养跨文化交际人才的需求。具体到当下的外语跨文化训练，建基于语言、文化与交际的一体化理论，其核心目的就是能够通过外语跨文化教学及跨文化培训，使学生具备一定的跨文化交际的能力。在外语的跨文化教学过程中，对于教师有着较高的要求，不仅要具备良好的语言表达能力与深厚的语言功底，还必须具有一定的交际能力与丰富的教学经验，以及能够较为准确地把握住学生的认知心理、情感特征、外语跨文化教学所应遵循的规律等。教师个人所具备的外语跨文化教学能力、其在外语跨文化教学中所使用的教学方法等，将直接影响学生跨文化学习的效果。通过对当前外语跨文化教学的教师队伍进行实证调查与分析，发现：现在我国外语教师队伍普遍存在文化知识与交际能力不够的问题，在教学过程中采用的教学方法及模式比较传统，根本无法满足当前跨文化交际人才培养飞速发展的需求。教师队伍中此类问题的存在，同当前的外语教师缺乏跨文化培训有着较为直接的关系。因此，学校要对外语教师进行有意识、有目标的跨文化培训，通过培训来增强教师的跨文化意识，提升外语教师的跨文化素质与修养，从更为开阔的视域鼓励外语教师将跨文化的意识与思想融入当前的外语教学，从而更为有效地提升外语学生的跨文化交际素养与能力。客观地说，基于目前我国的外语跨文化教学现状，对于外语教师进行有目标的培训，从跨文化交际能力、跨文化教学方法等层面进行有意识的训练势在必行。

（二）教师跨文化训练的目的

希望通过有效的跨文化训练，外语教师能有效地拓展自己已有的文化知识内容，增加自己已有的文化知识储备，从而使教师队伍能够从更深的层面对跨文化交际、跨文化交际的意识及能力这些概念有着更为深入的理解与认识。此外，通过有效的跨文化训练项目的实施，使外语教师能够对语言、文化与交际二者之间存在的密切关系有更为深刻的理解与认识。通过跨文化训练，帮助教师正确对待不同民族文化之间存在的差异性，从而对外语在国际语言上的重要性有了更深一层的认识与解读。

通过有效的跨文化培训，帮助外语教师提升其文化敏感性与跨文化交际意识，使外语教师能够更为深切地认识到文化在人类社会生产、生活等方面所具有的重要作用，认识到文化对于跨文化交际能够产生的重大影响，从而将外语跨文化教学所具有的功能充分地发挥出来，建构起外语教师主动积极了解异族文化、主动积极地同来自不同文化背景的外国人进行交流沟通的意识。在成功的跨文化培训后，培养起外语教师发现并且接受不同民族文化之间存在的差异性的敏感度，帮助他们建立起面对异族文化时所应具备的宽容、开放的态度，能够以正确的态度与方式对待不同民族文化之间存在的差异。同时，教师还要注意对于自己在跨文化交际过程中的言行举止进行时刻的认真反思，对于自己在跨文化交际过程中所迸发出来的文化敏感性进行不断的总结。

通过有效的跨文化培训，帮助外语教师对自己的文化行为不断地进行自我调节，具备根据不同民族文化的特点，及时灵活地对自我的交际方式与交际策略进行调整，从而使自己更好地适应源于不同文化背景的文化群体的交际模式，能够同这些具有不同文化背景的不同文化群体进行有效顺畅的沟通交际，并进一步建立起友好的合作交流关系，以便更好地提升自己的跨文化交际能力。

通过有效的跨文化培养，让外语教学更进一步地明确文化教学的意义和目的，能够对外语教师的大纲及教案的编写与设计起到帮助作用，使外语教学从外语文化教材的选用到教材内容的使用，都建立起一套系统完善的方法，并且能够适当地补充课外材料。通过采用合理有效的文化教学的方法，合理地布置文化教学的任务与练习，并且能够制定出合理的、操作性强的评估方案，对文化教学效果进行有效检测。

（三）教师跨文化交际能力训练的方法

跨文化交际发生的环境具有多种情态，进行跨文化交际的目的当然也因交际者的不同而不同。在跨文化交际发生的过程中，对于交际行为的调适过程自然也是不相同的。在繁多的培训目的之中，对于不同的目的而采取的培训方法、归属的培训种类，必然也是不同的。具体来说，笔者归纳总结出六种不同的培训方法：

1. 文化现实培训

文化现实培训较为传统，与我们一贯用到的培训方式没有什么不同，形式多为讲座、案例分析、阅读、电影、讨论、问答等传统的教学方式，主要是由培训者组织教学，并对受训者传授其培训所需的各种文化知识。

2. 归因培训

归因培训最主要的目的是针对受训者对目的语言民族的文化价值观念的认识与理解而进行的，有助于受训者迅速地对目的语言民族的文化价值标准产生更为深入的理解与认识，从而根据自己在培训中所接受理解的关于目的语言民族的文化价值标准，衡量和判断自己在同目的语言民族的人进行交际时的言行举止，并根据他们的文化价值标准对自我行为进行调整，在此基础上进行归因分析。这种培训方式主要是针对移民与旅居者进行的，有助于这些人以更快的速度、更好的方式融入目的语言的民族文化。在这种培训方式中，最常用的就是文化模拟。

3. 文化意识培训

文化意识培训主要是用来介绍目的语言民族文化所具有的独特的概念、特征，以及在同本民族母语文化进行比较时存在的文化差异的本质。文化意识培训的目的是帮助受训者增强其在跨文化交际行为中的文化意识，从而在其思想深处树立起较为牢固的文化相对论观念。这种培训方式通常借鉴人类文化学的研究成果，把目的语言的民族文化和受训者的母语文化作为分析的实例，进行培训与分析。具体的方法是：建立不同民族之间的文化对比的价值取向一览表、价值观念排序表、文化对比分析表等。当然，在跨文化教学中的一些常用方法也同样适用于这里，如情境模拟学习法、感知练习法、语言与非语言交际活动等。

4. 认知行为调整

认知行为调整是一种处理跨文化交际中出现特殊问题的调适方法的培训，专门针对在跨文化交际过程中可能出现的一些问题，通过理论学习来解决。特别是对于受训者在对目的语言文化学习过程中感觉特别难以接受与理解的一些文化内容特点。首先，通过引导受训者将自己民族母语文化之中值得表扬与受到批评的活动罗列出来。其次，同目的语言民族文化中对于同一项活动所秉持的不同的态度与方法进行比较分析，从而进行较为深入的解读与认识。

5. 体验式学习

体验式学习是一种针对具体文化的培训方式，同受训者所接受的文化意识的培训有所不同，体验式培训方法的主要目的是调动起受训者行为、情感及认知各层面的活动因素，通过实地考察、情景练习、角色扮演等体验学习的方式，通过为受训者创造一个身临其境的体验实践达到培训的目的。

6. 互动式学习

互动式学习是一种通过为受训者创造一些能够直接同目的语言民族文化的人或者是那些具有极为丰富经验的跨文化交际的人结成对子进行相互学习的培训方式，能够帮助受训者从更为广阔、真切的层面对目的语言民族文化进行了解与认识。

外语教师的跨文化能力与跨文化教学能力的培训，不是一个单方面就能完成的事情，因为外语教师跨文化能力与教学能力的培训，涉及有关文化意识、文化知识、能力，还有教学能力等方面的问题，这就需要由外语教学、文化学、社会学、跨文化交际学等学科的专家学者共同合作完成培训任务。在培训过程中，培训教师需要对培训的内容、项目进行精心而充分的准备；同时，受训者也要完全配合。对外语教师的跨文化培训是一个极为漫长的过程，不可能通过一次、两次培训就可以完成。因此，在进行教师培训时应有所侧重，将重点放在对教师自我能力提高的自学方法上，培养教师自主学习与提高的意识，在培训中鼓励教师勇于探索创新。

（四）教师跨文化教学方法的培训

当前，反思教学法与课堂教学研究法正受到越来越多的学者、专家及教师的高度关注，被用到各种类型的教师培训及教师自我发展方面。

1. 反思教学法

反思教学法是一种通过反思推动教学的方法。这种教学方法是教师针对自己教学的方方面面来进行极为理性的分析与思考，其主要目的就是通过对自我教学过程中可能存在的问题的反思与理性分析，从而更为深入地找出在教学过程中存在的问题以及不足之处，为自己今后进行更好的教学、达到更好的教学效果而提供相当的教学经验及启示。反思活动，可以是反思者自己发起进行的，也可以通过他人如培训者发起，进行有意识的反思。其出发点可能是发生在学生或者是教学过程中的某一件事情，或者是某一种心境，或者是在教学过程中遇到的一些困难与问题而触发的结果。对于教师业务能力的提升来说，反思能够归纳出一种被称为"反思循环"，也就是教师在进行种种教学实践的过程中，还要对自己的教学行为不断地进行反思，这样才能使自己的业务水平不断地进步与提升。

进行外语跨文化教学的教师，对自己的跨文化教学实践进行反思的重要意义如下：

第一，进行教学反思，有助于我们的外语教师对于自己在跨文化教学过程中所秉持的态度与认识有一个较为准确客观的自我判断和评价。特别是外语跨文化教学，相对于传统的近百年的外语教学来说，是一个比较新鲜的事物，因此，面对跨文化教学这一集文化教学与语言教学于一体的新的教学方法，教师在教学过程中的态度与认识，具有相当重要的决定性作用。很难想象，一名对于文化教学价值没有相当的认识与理解，同时对于文化教学又缺乏足够热情的教师，能够将外语的跨文化教学具体地实践下去。只有那些充分认识到外语跨文化教学价值，并且愿意在外语教学过程中融入跨文化教学的教师，才能将跨文化教学工作做好、做到位。因此，反思为教师提供了更新观念的良好机会。

第二，教师进行随时反思，能够对自己在教学过程以及学习中存在的不足与进步有较为清晰的认识。语言能力与文化能力的培养，根本就不是一朝一夕的过程，而是一件终身学习的事情。在教师进行外语跨文化教学的过程中，教师所做的组织教学、准备材料、设计教案与练习题、引导学生进行学习等教学环节，其实也是教师进行自主学习、不断完善自身文化知识与语言技能的过程。

第三，教师进行随时反思，有助于不断提升自我教学能力与水平，从而使自己的教学效果不断地提高与改进。教师通过对自己跨文化教学过程中出现的问题、获取的经验、体验感受进行独立的思考，然后进行总结，不断地在自己的教学中发现问题，并对问题进行深入的探讨研究，从而找出更好的解决问题的方式方法。此外，教师还可以通过参加各种研讨会、学术交流会等方式，将自己的问题和同行进行商榷交流，将自己总结的经验感受分享给他人。

其实，反思不仅是一种简单的个人化的理性思维活动，还是一种集体的活动。但是，不管教师进行的反思活动以哪种形式出现，其在反思过程中呈现出来的对于教学理念、态度及方法的深层次的思考，都必然对教师的教学水平与效果起到一定的促进作用。

对于反思教学法的研究，可以通过两种方式，即定量研究的方法与定性研究的方法，可以由教师个体独立进行并完成，如问卷调查法、案例分析法、深入访谈法等，还可以通过与其他教师进行讨论研究等集体性的方法来进行。

2. 课堂教学研究法

课堂教学研究是一种系统的资料收集与分析活动，进行课堂教学研究的目的是对教学中的某一个领域进行适当改善。在课堂教学的研究活动中，教师可以通过自己已有的理论知识基础，对自己的课堂教学进行理性的分析与反思，总结自己在教学过程中已经获取的经验教训与成败得失，找出可能存在的问题与不足。教师要探究这些问题与不足产生的原因，探索可能解决这些问题的方法与思路，在此基础上对自己教学过程中的态度与行为进行反思并记录；然后，教师将自己的反思结果和其他人讨论，交流自己的心得体会，以更好地促进自己教学水平的提升与教学效果的优化。可以说，课堂教学研究堪称教师进行自我提升与完善的行之有效的好方法。

将课堂教学研究同反思教学两种教学方法很好地结合起来应用，对于教师提升自我独立工作能力有着很大的帮助。在教学过程中，教师一旦形成了随时对自我及教学进行理性反思的意识与习惯，那么对教学过程中产生的问题就会自觉产生深入探索与研究的意愿。教师掌握反思教学与课堂教学研究两种教学方法，十分有利于教师对于自己教学的不断修改与完善。

在进行教学方法的培训时，无论是培训教师，还是受训者，都应该注意：每名教师所置身的教学环境、面对的教学对象都是不相同的，因而在进行教学方法的培训时，是不可能有一种可以"放之四海而皆准"的教学方法、教案设计为我所用的。受训教师能够做的只是在借鉴学习他人的教学理论与经验的基础上，结合自己所置身的教学环境与教学对象，进行理性的分析与思考，然后设计出自己所需的教学方案，寻找到适合自己的教学方法。只有这样，才能更好地提升教学效果。因此，不断提升教师的自主研究能力与水平，对于外语跨文化教学来说具有非常重要的意义。

可以说，合理的跨文化培训能够很好地培养外语教师的跨文化交际能力，能够有效地减轻教师所面对的跨文化教学的心理压力，提升教师跨文化交际与教学时的自信心与自我价值判断，从而帮助其以更好的精神面貌与充沛自信的精力投入外语的跨文化教学。当然，在进行跨文化教学时，尽管已经具备了一些有关跨文化教学的知识、能力以及所需的各项内容和良好的积极的态度，但是教师依然不能忽略对于自我及教学的反思与理性分析。只有这样，才能使自己的跨文化教学能力、跨文化交际能力不断提升，增强继续学习的能力，不断积累更多的知识与经验，从而使自己各方面的能力不断升华；只有这样，才能更好地应对外语跨文化教学对教师提出的更高要求与挑战。

第六章 以跨文化意识为导向的外语教学

第一节 以跨文化意识为导向的外语教学模式构建

一、探究式外语教学

（一）基本内容

1. 内涵

探究式教学法又称为"发现法""研究法"，主要是指学生在学习概念和原理时，教师只是给他们提供一些事例和问题，学生通过阅读、观察、实验、思考、讨论等途径主动探究，自行发现并掌握相应的原理和结论的一种方式。学生在教师的指引下，可以更加积极地参与教学并且可以更好地发挥主观能动性。学生要掌握并且理解解决问题的方法和步骤，更加客观地了解事物的属性，通过学习和寻找发现规律并且形成自己的概念和理解。因此，在探究式的教学过程中，学生是整个学习的主体。

探究是目前国际教育学科中最常用的关键词之一。探究是对知识或信息，尤其是对真理进行探索、研究的活动。探究式学习就是一种获得科学研究能力的学习方法，主要包括五个方面：（1）提出问题，学生需要通过学习发现问题、探索问题；（2）收集数据，学生可以通过解释和评价科学问题进行探讨学习；（3）形成解释，学生应该在事实证据的基础上讨论和解答问题；（4）评价结果，学生通过比较的方法进行科学知识的相关解释；（5）表达结果，学生应该更加熟练地对自己所知道的问题进行阐述。

探究式的学习方法能够让学生更加主动地参与整个学习过程，更加主动地思考应该怎么做，而不是一味地接受教师的灌输。因此，探究式的学习方法不仅是一种学习方法，更是一种学习的目的。

探究式的学习方法特别要求教师在掌握理论知识的同时，帮助学生在课堂中进行实践，还可以在实践的基础上进行全新的总结并形成一套全新的理论。这样做不仅可以促进教学的全面发展，还可以帮助教师在教导学生学习的过程中引导学生更加自主地深入学习，并且可以让学生更好地参与寻找问题、解决问题的过程和活动。探究式的学习方法可以让学生更加独立和主动地去了解知识、掌握知识，让学生在日常学习中形成科学的学习态度。因此，探究式的学习方法的最终目的是通过科学的学习方法帮助学生得出正确的科学结论。

2. 特征

（1）重视过程和结果

在教师的教导下，学生需要通过探究的过程对学习到的知识的内在联系进行深入的了解，然后达到灵活掌握知识的最终目的；另外，教师需要让学生在学习中培养观察、调查、假设等技能，使其可以对自己的作品进行更好的研究，同时也可以让学生端正态度。

（2）重视知识的运用

探究式的学习方式既可以帮助学生在学习中获取知识、解决问题，也可以帮助学生增加知识储备；在帮助学生解决问题的过程中，还可以让学生的学习更加贴近生活。这种探究式的学习方法可以更好地帮助学生在生活和学习中培养实践能力。

（3）重视评价体系的形成

探究式的学习方式，对评价很重视。学生可以通过不断地提高自己的学习水平探究该种学习方式是否适合自己。

（4）重视师生互动

探究式的教学方法，以学生为学习的中心，能充分地激发学生的主观能动性和创造性。此方法虽然以学生为中心，教师应该尊重学生的选择，但同时学生也应该在教师的帮助和指引下，更加主动地对知识进行探索。

3. 意义

（1）活跃课堂氛围

在实际教学中，要格外注重因材施教的原则，充分发挥学生的主动性和认知能力。在实行探究式的教学方法时，首先，尽量避免单一式的教学方法，因为单一式的教学方法不能让学生在实习中发挥自主性；其次，让学生在学习中满足自我的发展需求；最后，让学生在活动中更加主动地学习，并且在学习中主动培养合作意识。

（2）师生共同发展

教师在教学中努力去改变自己，将自己的经验总结出来传递给学生。这样可以更好地激发学生的潜能，使学生可以成为学习的参与者。

（二）理论基础

虽然现在人们对探究式的学习方法更加重视，但是就目前情况而言，探究式学习方法的理论知识还比较薄弱。这种薄弱体现在心理基础建设上，应该对探究式学习方法等领域进行研究和分析，从而帮助学生在日常学习中取得更好的成绩。

1. 认知结构理论

学生在学习的过程中不应只是被动的知识接受者，应该更加主动地进行信息的处理和分析。教师应该将知识转化为适应学生发展的形式。这个过程主要有以下步骤：第一步，通过提出不同的问题，激发学生对学习的兴趣以及好奇心。第二步，激发学生对知识的求知欲。第三步，解决问题的同时提供多种问题的不同假设，帮助学生拓宽原本被禁锢住的思维。第四步，帮助学生整理问题，并且积累知识与实践经验。第五步，帮助学生进行相关资料的查询，并且得出更多的结论。第六步，引导学生的思维，使学生主动进行学习，并且得到他们想要的结论。

2. 建构主义学习理论

建构主义学习理论强调学习是学生主动建构的过程。认知发展理论是建构主义学习理论的重要基础，建构主义学习理论从知识和学习的角度对探究式学习与探究式教学进行了更深层次的阐释。建构主义学习理论认为，知识不是永恒的，而是相对客观、开放和不断发展的。

探究式教学吸收了建构主义学习理论的精髓。它以"问题"为线索，使学生或群体关注真实性，并积极获取有助于解释和评估问题的证据。因此，建构主义学习理论重视学生原有的知识和经验的作用，强调教学活动要不断打破学生原有的平衡，帮助学生建立新的学习状态。

3. 人本主义学习理论

人本主义学习理论认为，目前现有的心理学，尤其是行为主义心理学，没有直接深入地探讨人类所拥有的思维能力以及情感体验，而是过度地对学科进行深入研究，在这个过程中往往会忽视以人为本的特质。

人本主义学习理论希望每个人都能够拥有自主学习的能力和潜力，在适当的条件下，将每个人的学习能力和经验融合在一起，并且使这些融合在一起的经验得到适当应用。

以学生为中心，可以帮助教师在日常教学中树立以人为本的核心教育观念。树立以学生为中心的教育意识，即允许学生在学习过程中决定自己的学习内容和学习动机。

探究式教学的研究将理论与实践相结合，吸收基础学科的最新研究成果，并将其应用在教学过程中。教师应当善于构建真实问题所处的情境，让学生能够在学习知识的同时，体验到学习的重要性和价值，并且在学习的过程中激发探索兴趣，最终通过这种方式解决各种各样的问题。同时，教师作为学习过程中的督促者，需要为学生学习创造探究的环境，并且帮助学生制订探究的步骤，为探究式学习提供信息，让学生自己找到问题的真正答案，体验探究真理的快乐。

因此，探究式学习与教学的研究，需要将之前的经验与教训进行吸收和总结，并且与现有的教育教学融为一体，依托研究性学习与教学的理论基础，从学生知识建构的角度出发，在新的知识和学习观的基础上，把握学生自身知识建构的本质和核心。

（三）探究式教学模式

1. 自主探究教学模式

自主探究教学模式要求教师引导学生进行自主学习，培养学生独立思考的能力，并且积极地对所学知识进行结构上的认识。

（1）自主探究教学模式的主要特点

第一，教师是教学的主体，而学生是学习的主体。

第二，注重教学过程的开放性和创新性。在教学的过程中，教师注重发挥学生的主体意识和创新意识，使学生自主探索发现的能力得到提升。

第三，在自主探究教学模式中，教师更加注重学生的参与情况。

第四，注重问题设计的合理性与教学的有效性，并且在教学过程中提倡互动性与教学方法的多样性。只有这样，才能让学生更加主动地参与其中。

（2）自主探究教学模式的思想

如何对学生的活动进行监管？如何对学生进行有效的分组？这些都是教师在日常的工作与教学中应该注重的问题。教师应该充分让学生成为学习的主体，并且在教学过程中促进全体学生积极参与教学过程，同时赋予学生更多的权利。教师是学生学习的促进者、引导者。

2. 合作探究教学模式

合作探究教学模式是指教师在教育教学过程中，根据学生不同的学习情况将学生进行分组，让学生通过分组合作、互相帮助，最终达到促进个人发展的目的的教学模式。

（1）合作探究教学模式的基本要素

合作探究教学模式旨在让学生知道自己不仅要对自己的学习成绩负责，还要对组内其他成员的学习成绩负责，并且在探究过程中更加积极地去帮助其他同学。第一，小组内的每个成员都必须对个人成绩和其他成员的学习成绩负责。第二，混合分组应尽量保证组内学生的异质性和互补性。第三，提升学生的社会技能水平不仅是合作探究的目标，也是探究的前提。学生只有提高自己的社会技能水平，才能更好地完成合作探究学习。第四，群体的自我评价或者群体的反思，可以使整个群体和小组获得更长久的发展和进步的空间。

（2）合作探究教学模式的思维

首先，合作设计要合理，以合作、互动为特点。其次，提前设定目标，为评价提供依据。再次，小组成员互相帮助，促进集体成就的积累。最后，自我评价与其他评价相结合。

（3）合作探究教学模式存在的问题及其解决方法

主要存在的问题包括：设计问题太简单，导致合作探究成了一种形式，失去了应有的意义；专注于探索，忽略总结；只关注优秀的学生，不关注后进生。

针对上述提出的问题，教师应该将教学重点与难点进行紧密结合，提出的问题应对学生具有启发性，充分调动学生的积极性；充分引导学生进行总结，加强学习和小组讨论，积极营造一种氛围，以帮助学习成绩较差的学生；同时，教师要对不同发展水平的学生提出不同的要求，并且在整个过程中关注每个学生的成长与学习成绩的变化。

3. 问题探究教学模式

问题探究教学模式将问题作为教学的纽带，让学生可以在课堂或者课后提出相关问题，并且通过讨论来分析问题、解决问题，这种模式可以提高学生的智力水平和学习能力。

（1）问题探究教学模式的特点

第一，需要从问题出发，培养学生思考问题和提出问题的能力。

第二，教师与学生进行角色转换，教师不应只是知识的传授者、解释者和学生学习的促进者，还要站在学生的角度对自己的授课进行反思。

（2）问题探究教学模式的实施策略

首先，建立民主的平台，培养学生的主观意识。其次，多角度入手，培养学生的问题意识。再次，改变备课模式，以问题为核心，以问题为主线。最后，重组教学形式，创造更多探索空间。

（3）问题探究教学模式的思维

首先，根据学生需要学习的知识，并结合学生的知识水平，构建出模拟的情境，同时引出问题，让学生对问题进行思考和讨论，并且通过思考和讨论得出相应的结果。其次，根据学生不同的心理特点和教学体系的特点，教师应该在日常的教学中组织和指导学生对自己提出的问题进行独立思考。再次，教师应该引导学生通过直觉获得更加直观的知识，并且将获得的知识有效地组织起来，构建新的知识体系。最后，学生运用所学知识解决具体问题，在解决问题的过程中对知识有更深入的理解。

（4）问题探究教学模式存在的问题及其解决方法

主要存在的问题包括：问题设计得不够完善；问题设计的水平不高；

问题设计得不够开放、大胆。

鉴于以上问题，教师在面对复杂问题的时候，应该采用分解式的设计方案，在总体目标不变的基础上，将复杂的问题分解成几个易于理解的问题，启发学生从多个角度进行思考。我们应该以学生为中心，以教师为主导，以兴趣为主线，统筹兼顾。

4. 情境探究教学模式

情境探究教学模式旨在成功引发学生的情感体验，并且在情感体验中加入生动的场景和感情色彩，从而帮助学生理解课文和发展他们的心理功能。

（1）情境探究教学模式的基本原则

轻松愉快原则：引导学生在轻松愉快的情境或气氛中提出各种问题，拓展自己的思维。

自主性原则：强调良好的师生关系，同时重视学生在教学中的主体地位。

（2）情境探究教学模式的思维

首先，通过实验创设情境，帮助学生将所学知识与已知知识联系起来，构建知识体系。其次，教师应该构建新旧知识之间的联系，从而更积极地认识到氛围与情感氛围之间的关系。再次，借助实例创造情境，让学生可以在课堂学习中更加真实地感受到教师想要创造的情境，从而激发学生探索的欲望。最后，运用不同的表现方式，如图片、表演、语言、故事等，营造情境。

（3）情境探究教学模式存在的问题及其解决方法

主要存在的问题包括：过于强调情境效果；缺乏对课程整体性、全面性等的重视；强调人文情境的创造，对教师素质要求过高。

鉴于上述问题，教师必须熟练掌握教材，准确把握学生的心理特征；根据学生的特点，合理地选择适合学生的学习方法，创设学习环境。教师在运用情境教学方法时，需要根据学科的特点重点创造学习情境，从而提高自身的教学水平。

二、任务型外语教学

（一）基本内容

教师通过设置一系列由浅到深的任务，将学生带入现实生活情境，为学生提供语言交流的机会。每个任务都是合理设置的，任务之间存在关卡和梯度。从输入到输出，每个任务和步骤都为学生创造了学习语言的良好情境，并帮助学生在情境中学习。学生可以通过完成一系列的任务获得更多的信息，同时，学生将所学知识运用到实际生活中，为自己提供语言实践的机会。

1. 任务类型分析

从任务的定义来看，很容易看出任务就是活动，任务型教学是专注于课堂活动的教学。在实际的课堂教学中，一个任务可以分为几个活动去执行；同时，这些活动既有任务的模式，又有实践的特点要求。

任务型外语教学法的应用不能否认实践对语言学习的影响，巩固语言知识的重要方式之一是语言输出。

（1）教育型任务

教育型任务通常包括激活型任务和预演型任务。激活型任务是指激活学生的语言天赋和语言能力，就像是角色扮演和信息交换一样，让学生身临其境。

（2）真实性任务

真实性任务指学生离开教室后，在生活、学习、工作中可能需要处理的各种事情，完成真实性任务是外语教学的最终目标。

2. 任务型外语教学的特征

（1）多样性

教学的多样性主要体现在教学活动的层次上，如角色扮演、讨论、解决问题等。

（2）注重交际功能

任务型外语教学强调语言在日常使用中的准确性。学生应该在生活中更多地进行语言交流，并且在脑海中呈现的不仅是单词和语法规则，还应该事先将准备好的短语以固定的形式表达出来。同时，这种表达方式也要具备准确性和流利性。

（3）师生角色的转变

在传统的语言教学中，教师往往是整个教学的中心。任务型外语教学则以跨文化意识为导向，强调将学生视为学习的重点，教师的主要工作是为学生提供语言类的教材，组织学生参加更多的活动和小组讨论。教师也可以成为学生的一部分，一起参与日常的教学工作，一起完成任务，一起学习，帮助学生构建新的知识架构。因此，在任务型教学中，教师是学习计划的组织者、资源提供者、任务活动的展示者和最终的评估者。

学生通常都是单独或通过集体合作完成教师所布置的任务。教师应该鼓励学生通过所学语言完成任务，而不是仅规定语言项目。学生也要通过创造性强的语言有逻辑地完成任务，因而学生不是被动地学习，而是更加主动地参与学习和探讨。

（4）评价方式的转变

与传统的教育模式相比，任务型外语教学模式，不管是在教学方面还是在评价方面都发生了很大的变化。最终评价注重结果。

评价手段由单一的、固定的考核方式转变为多样化、灵活性的考核方式；形成性评价与总结性评价相结合。

3. 任务型外语教学的意义

从语言观和语言学习的角度来看，任务型外语教学法提倡语言的输入与输出的配合。

（1）积极完成任务

任务型外语教学提倡学生用语言完成任务，强调在知识传输的过程中，不可忽视语言带来的教学功能和意义。因此，任务型外语教学非常有利于学生学习语言以及提高综合能力。

（2）积极沟通

任务型外语教学提倡学生进行双向或多项的语言交际活动。在交际活动中，学生可以将语言作为一种交流工具，可以有效地帮助学生在课堂中学习到语言知识，在实际生活中进行更多的演练和展示，并且可以顺利地使用语言进行交流；同时，也可以让学生体验到学习带来的乐趣，并且有助于激发学生对学习的主观能动性和兴趣。

（3）积极合作

任务型外语教学主要是希望学生能够在学习的过程中，通过多种不同的学习方法，扮演好自己的角色，相互合作。这种教学方式可以使学生的综合能力得到很大的提高，同时可以增强学生在日常生活中的责任感，有效地培养学生的团队合作意识。

（二）理论基础

1. 建构理论

认知建构理论认为，在传统的语言学习活动中，学生过于注重语言形式，不能促进语言能力的全面发展。只有把注意力集中在语言理解和表达上，才能全面发展语言能力。基于任务的语言学习，是指学生通过将语法规则和语言功能整合到交际活动中，接触到大量的语言，形成自己稳定的语言系统，全面发展语言能力和言语能力。

2. 语言习得理论

语言习得是一个人语言学习和发展的过程。根据语言习得理论，语言学习的规律是必须有大量的语言输入，才能使学生掌握他们正在学习的语言；学生需要在不同的情境和语境中运用语言表达自己的思想，逐步形成自己的语言体系。

外语课堂活动离不开兴趣、生活体验、能力范围和智力因素等。语言学生要具备两种语言习得能力：一是学生用目的语进行交际，然后无意识地习得语言，即语言习得；二是学生通过有意识地记忆语言规则来学习语言。

（三）任务型外语教学的原则

1. 目的性原则

目的是设计任务时必须考虑的问题之一。为了完成任务，学生需要准备什么，需要做什么，而完成任务之后能得到什么，这都是教师在设计任务时需要考虑的问题。不能让学生在完成任务之后没有收获，这样会降低学生学习的积极性。

学生在活动中要熟练掌握语言形式，完成任务后要掌握语言技巧，获得综合运用语言的能力。

2. 任务连续性原则

任务的顺序是根据任务的难度系数安排的，先易后难；根据活动的特点进行排列，先输入后输出。

任务之间应该有层次性、连续性和覆盖性：从初级到高级、从简单到复杂、从单一到综合、从投入到产出、从学习到生活。

3. 真实性原则

真实性原则更多的是针对交际任务，要求交际双方都有真实的交际需要，提供的语言材料和活动形式应尽可能贴近生活。例如，阅读和回答问题并不是一个真正的任务活动，因为在人们读书的时候，不会具体地回答问题，而是摘录。

4. 信息交换原则

信息交换原则适用于交际任务，在完成任务的过程中，活动必须包括信息的获取和传递、处理和使用。

5. 结果性原则

完成任务后，必须有一个可见的、有形的结果，可以是制定的决策、完成的报告、完成的项目等。结果既是任务的组成部分，也是评估学生任务完成质量的依据之一。

（四）任务设计步骤

1. 确定任务目标

任务目标分为三个层次：最终目标，即培养学生语言能力和交际能力的最高要求；教育目标，即课程标准中的层次目标；具体目标，即具体任务下的具体活动要实现的目标。

在确定任务目标时，要注意以下几个方面：（1）熟悉课程标准的分类，关注教学部门的子目标；（2）充分了解学生的需求和教材的内容；（3）将任务目标作为一个整体，在单元目标的基础上细化课时的具体目标。

2. 确定任务类型

根据不同的目标选择不同的任务类型，各种任务要结合使用，合理选择。

3. 选择教材

实践教材是不可能满足学生在学习和日常生活中的所有需求的，这就需要教师能够结合日常生活编写出新的教材，并且将新的教材用于教学过程。

在选择教材时，教师需要考虑教材的内容、难度以及呈现方式，因为这些都可以影响学生最终的学习结果。同时，教材也可以涉及学生的生活经历，以及日常的书籍、报纸、广播、电视等其他外在因素。

4. 确定操作程序

在计划好全部的任务活动之后，教师需要进一步考虑活动中涉及的细节，并且需要在活动开始之前预测出活动过程中有可能出现的问题，并且根据问题做好一切应对措施。

5. 调整任务难度

在活动的开展过程中，经常会遇到困难，辅导教师需要在任务实施过程中及时对任务的难度系数进行调整，让学生通过自身的努力消除恐惧，完成任务。

三、体验式外语教学

（一）基本内容

1. 内涵理解

不同的学者从不同的角度研究体验，对体验的描述也不尽相同。但是，通过分析比较可以知道，体验是情感性的、个体性的、缄默性的。

（1）体验的情感性

体验与情感的产生是密不可分的，通过体验可以产生更深刻、更有意义的情感。有了这种情感的支撑，我们才能真正理解生命的意义。

（2）体验的个体性

价值取向与生活体验是息息相关的，体验总的来说是个体在独立的情况下对知识结构的认知。每个人的生活都是独立的，所以体验也是相对独立的。同样的一件事情，不同的人去体验之后，会产生不同的理解，并且会产生不同的情绪。

（3）体验的缄默性

体验是主体从过去的经历中获得的各种各样的感受，这些感受可以增加个体对体验的理解，但是不可以将这种体验称为"隐性认知"。

2. 含义

人类的学习过程分为左脑学习和右脑学习两大类：左脑学习就是教师教授现成的理论和知识让学生记忆；右脑学习强调实践活动的体验，是从自己的体验中学习和理解。左脑进行学习时可以强调理论知识，而右脑进行学习时则强调学习的实用性。因此，体验式学习也被称作"右脑学习"。

体验式学习是指学生在实践活动中将对知识的认知与个人的体验和理解相结合，并且通过实践过程得到全新的知识和系统方法的一个过程。体验式学习强调学生的感受和体验的过程，对学生充分利用自己所学的知识十分看重。

体验式学习最重要的是能够让学生在真实或模拟的情境中进行学习和参与活动，让学生与不同的人进行人际交往活动，让学生进行反思和总结，从而积累经验，最终得出结论。体验式学习对于培养学生正确的人生观与价值观有着非同一般的作用。

体验式教学是建立在平等和谐的学习氛围中的，只有这样的学习氛围才能帮助学生获得更好的知识，学生在获得知识的同时，可以对其进行有效的处理和转换，构建自身的知识结构。体验式教学，将教育者看作一个具有完整生命的充满感情的人，而不是一个简单的认知主体。

3. 特征

体验式教学一般具有以下五个特征：

（1）自主性

人天生就具有自我意识和自我发展的本性，体验式教学使学生在学习中主动寻找自我意识。这个过程可以帮助学生提升自主学习能力，以及对生活的体验能力。

（2）生成性

体验式教学注重生命的发展性、不确定性和生成性。教师知道学生总是在变化和成长的，在不同的学习阶段，他们有不同的人生经历。教师要做的就是为学生创造一个情境，帮助他们充分成长，并引导学生正确面对生活，使学习过程成为学生成长的过程。

（3）唯一性

体验式教学尊重生命的唯一性、差异性，每个人都是独一无二的，在一定程度上接受和肯定学生的个性。

教师通过了解学生的长处与短处，可以更好地了解学生不同的学习习惯与学习风格，可以更加正确地对待弱势学生，帮助他们在学习中取得进步，让他们更好地体验成长中的幸福。

（4）完整性

人的生命是富有丰富内涵的。人不仅有认知，还有感情、态度以及信念。体验式教学就是让学生在知识的认知过程中积累处理问题的经验。

体验式教学注重学生的情感、信念和态度，从而让学生获得更加完整的成长经历和人生经验。

（5）平等性

在传统教学中，教师的主要作用是传授知识，将书本上的知识用"灌输式"的方式教授给学生，而学生则是被动地接受教师传授的知识，这是一个知识转移的过程，师生之间很难有平等的关系，就更不存在积极地建立情感体验了。

在体验式教学中，师生之间应该创建更多的共同话题，在共同话题的讨论中，教师与学生通过交流，才能感受到生命层面更多的意义和价值，从而建立起相互尊重、相互信任、相互鼓励的关系。教师应该为学生提供更多的展现自己生命力的机会，让学生的心灵得到自由的释放，从而让学生的学习目标真正实现。

（二）体验式教学模式

1. 反思回味式

学习主体通过想象和记忆，把最有价值的人生事件放在自己的经历中，即从心理层面对以往的体验进行"再体验"，从而触发相应的体验，这种体验具有回顾和反思的性质。

2. 心理换位式

心理换位式是指学生从心理层面体验或模拟一定的角色，假设自己与角色有一致的思想、观点、情绪和行为。也就是说，主体在心理上扮演着他人的角色，"体验"他人的个人体验，即心理换位。

3. 交流互动式

交流互动式是指学生在相互交流讨论和不同意见碰撞的过程中，理解知识。这种体验式教学模式是在学生充分准备的基础上，使学生以小组的形式相互交流和讨论。题目既可以由教师提出，也可以由学生在教师的指导下提出。

4. 情境沉浸式

在教学中，教师根据具体的教育内容和学生的实际情况设计一定的情境，加强学生的情感体验，这样学生可以更容易理解学习内容。

巧妙地设计场景是教师的重要任务，要让大多数学生能够沉浸在场景中，有联想和情感共鸣，这就是情境沉浸。在课堂教学中，为了创造生动的场景，最常用的是多媒体。多媒体可以将声音和图像结合起来，往往能传递生动的画面、悦耳的声音，具有强烈的视听效果。

语言与情境、视觉与听觉的结合可以创造语言使用的真实场景。多媒体动画所展示的仿真环境，使学生有身临其境的感觉，充分调动了学生的视觉功能，让学生更有效地参与学习过程。

5. 实践活动式

实践活动是一种原始的体验，是指主体亲身体验事物，并获得相应的实践意义上的知识和情感。学生在学习中参与一些学科实践活动，以及研究性学习活动，能够加深对知识的理解。

课堂教学是把生活转化为知识、用知识认识生活的过程。因此，教师应尽量把课堂延伸到课外，让学生学到知识，并将其融入自己的课外生活中。开展相应的第二课堂和社会实践活动，能使学生在活动中得到内心情感的体验和升华。

四、参与式外语教学

（一）基本内容

"参与"即参加，对事物的发生、发展起着一定的作用。参与十分强调有关人员对事情的决策、规划、实施、监督、评价等。活动的干预是一种实践活动，强调参与者在活动过程中的存在。

1. 含义

参与式教学以教师和教材为中心，为学生营造出一种更适合其学习的环境和氛围。参与式教学需要学生积极地参加课堂活动，从而达到活跃课堂气氛的目的。通过参与，学生将有机会选择教学内容，并且对目前的教学进度提出意见和建议，最终参与教学方法的制定；同时，学生可以更加积极地控制教学过程，以及干预最终的教学评价结果，真正发挥自己在学习过程中的主观能动性。

2. 特点

参与式教学吸收了传统教学模式合理的部分，同时又有新的发展和突破。

（1）生成性

参与式教学主要是指学生在积极参与教学的过程中可以更好地理解课堂内外所学知识，可以更加积极地构建自己的知识结构，间接说明了知识的动态性。

（2）包容性

参与式教学强调教师和学生应该互相包容。因此，教师应该进行教学反思，有利于教学活动的进一步开展。

（3）全体性

参与式教学强调所有的学生与教师共同参与教学。教师应该在教学中承担责任，并且每个学生，无论是成绩优秀的学生还是学习困难的学生，都应该是教学过程中的主体。

每个学生都应该有平等参与学习的机会，他们都有权利对自己的想法进行阐述。同时，教师也不是一个人在"战斗"，同一年级、同一学科的教师应该增进交流，在教学经验上也应该互相借鉴，了解学生最近的学习状况和心理状况，只有这样才可以让学生成为整个教学的主体。

（4）全面性

教学是一个过程，学生要参与教学的各个方面。参与式教学强调教师和学生在教学各方面的充分参与。

（5）合作性

合作性强调了师生的合作关系，师生参与教学的过程就是师生在一个平等的平台进行合作的过程，教师和学生在一起合作时可以发现更多问题，进而共同分析问题、解决问题。在这个合作的过程中，师生之间可以进行更深层次的交流。

（二）参与式教学的方法

参与式教学有多种方法，如提问法、小组讨论法、角色扮演法等。

1. 提问法

提问法是参与式教学中最常用的方法之一。其基本程序如下：第一，检查学生对所学知识的掌握情况，看他们是否掌握了最新的知识。第二，测试学生当前的学习状态，看他们是否保持了浓厚的学习兴趣和热情。第三，鼓励学生自主思考，自主寻找答案。第四，提问是连接过去和未来的纽带，有助于开始下一轮的讨论和学习。

提问的作用是显而易见的，但一旦使用不当，就会让学生觉得这是一种盘问，不利于师生之间的平等交流。为了避免出现这种情况，教师应注意以下几点：第一，不要故意问学生很难的问题。第二，不要只提问与学习目的和学习内容有关的问题。第三，不要只问学生会做什么。

为了提高学生回答的质量，教师应该提出高质量的问题，避免一些不恰当的问题。建议教师以开放性问题为主，循序渐进地提出问题，然后确认学生理解问题，最后确认教师理解学生的答案。

2. 小组讨论法

在参与式教学中，小组讨论是一种重要的模式。通常4~6人为一组，讨论两个话题。参与者的桌椅应尽量靠近，以便面对面地讨论，因为小组成员之间的身体接触和眼神交流不仅可以提高讨论的质量，还可以促进人际和谐。

小组讨论的具体步骤和重点如下：

（1）明确每个小组的具体目标和活动所需时间，划分参与者的角色。需要注意的是，每个成员都要扮演一定的角色，角色可以轮换。例如，召集人（负责组织讨论）、记录员（负责记录小组的讨论结果）、计时员（确保小组内的成员都有机会说话，提醒演讲时间）、汇报员（负责报告小组的讨论结果）等。

（2）教师是课堂讨论的组织者，负责说明讨论的主题，向参与者提出明确的讨论要求，为每个小组提供材料；通过巡视等方式监督每组的活动，随时提供必要的指导和帮助。

（3）每组口头报告讨论的结果，或做出书面报告。各小组讨论，并达成共识。

（4）教师和学生对每个小组的报告进行评价。最后，教师对每个小组的活动结果进行总结，并给予学生适当的评价和期望。

（5）在小组讨论中，要避免成员讨论的内容没有逻辑联系，需避免小组成员的重复发言。

3. 角色扮演法

角色扮演是参与者将在语言学习中获得的知识，以及技能用在特定的问题和环境中，从而提高整合能力以及运用新知识和新技能的能力。

角色扮演的一般步骤如下：第一，教师提出现实生活中的情境，明确角色扮演的一般要求，参与者对其进行适当修改。第二，快速分组，并确定具体的主题和角色。第三，教师向参与者提出观察任务，包括观察的内容、角度和方法等。第四，进行角色扮演，其他参与者观察并记录。第五，所有参与者对每组的表现进行评估，并讨论相关问题。第六，教师协助参与者对角色扮演中的问题情况进行总结，并将其与现实相结合，探索行为的一般规律和解决问题的一般方法。

角色扮演法既有优点，也有缺点。首先，对于参与者来说，一个巨大的挑战就是面对面交流；其次，有些角色扮演会在参与者的脑海中引起非常强烈的情绪反应，使他们长时间无法平复。

五、情境式外语教学

（一）基本内容

1. 定义

在外语教学法中，产生影响的环境是由场景事件和人物组成的特异教育环境，其中包含了更多经典的教育形象和教育现象。情境可以通过文本、视听和多媒体图像的方式来表达教育行为。

情境可分为现实情境、回忆情境、联想情境。语言是根据语境和语言背景形成的，语言的文化背景和社会环境是相互联系的。情境教学法将简短的感情对话作为语言的基础，使新的语言结构在相关语境中重新组合，并将其运用在场景中形成对话。情境教学法可以激发学生的学习热情，从而引导他们从整体上理解并合理地使用语言。

2. 特点

情境学习理论强调学习情境的重要性，重视学生的主动探索，强调学习活动的真实性、交际性和趣味性。

（1）真实性

在课堂教学中，教师应该创设出更加贴近实际生活的任务，从而帮助学生将课堂中所学知识运用到实践中。创设的场景越接近现实生活，学生构建出的学习结构和知识体系就越牢靠，也更容易在真实的情境中发挥作用。

（2）交际性

外语是一种交际性的工具，外语教学应该培养学生更好地使用这种工具的能力。在课堂教学中，教师应该有意识地向学生提供不同的信息片段，从而帮助学生营造可以交际的语言环境。

（3）趣味性

兴趣是语言学习的动力，学生对语言的兴趣程度，直接影响他们对语言的学习能力和掌握情况。学生对语言的学习兴趣也存在差异，这种差异并不是天生的，主要是受当下环境的影响。因此，教师在进行外语授课时，应该充分调动学生的积极性，这样做才可以使学生更加有效地学习，并且可以激发学生的学习兴趣。

（二）理论基础

情境学习理论虽然出现的时间并不长，但在理论学习和实践层面都产生了极为重要的影响。情境学习理论也有其局限性，比如现实情境是否有利于认知技能、创造技能等高级认知技能的提高还有待证实。虽然参与解决复杂的现实问题有助于提高学生的实践能力，但由于学生的经验、动机和认知存在差异，并不是所有学生都能从中获得最大的收益。此外，使用这一理论指导教学可能需要更多的时间和资源，教学效率与教学效果的平衡也必须考虑在内。

1. 图式理论

图式理论是心理学家用来解释心理过程的一个重要理论。所谓"图式"，是指在理解的过程中，大脑率先获得知识的结构并且做出反应。图式是个体在理解和记忆过程中表现出来的过去的经验与知识，人们所拥有的图式是他们个人积累的经验、习得的知识等。

学生了解文本所需背景知识越多，其大脑中所具备的图式也就越多，图式越多，就越容易对新的知识产生理解。产生理解的同时，头脑中会有各种各样的图式，其中包括事件、场景、活动等。因此，当一个图式代表一个场景时，大脑就对该场景所涉及的历史事件或者其他知识产生反应。人们在理解和接受新鲜事物的时候，需要将新鲜事物的信息输入大脑，再与过去已经学习到的知识或者背景知识串联起来。

教师可以利用图式理论在课堂中进行更好的教学，通过建立适当的真实的语言交际情境，并且创造出合理的话题，调动学生的积极性。这种形式可以让更多的学生参与话题讨论，从而对新的语言和新的语言形式的功能进行更深层次的学习，达到交流的目的。

2. 情境认知理论

情境认知理论是情境教学法的理论基础之一。它认为个体情绪至少具有三种功能：激励、强化和调节。积极、向上、健康的情绪，对认知活动具有良好的作用和影响。

情境教学法就是在教学过程中充分激发学生积极向上的情感体验，从而帮助学生提高学习的自主性。情境认知理论认为所有的知识同语言是一样的，包含在真实的活动和真实模拟出的场景中，只有在应用的过程中才能更加充分地对其进行学习。

因此，知识只有在丰富的社会实践中才可以发挥出最大的作用。从这个角度来看，真实的活动对学生来说是有意义的。情境认知理论是认知学习理论的重要组成部分，已经成为一种重要的学习理论，促进知识向现实生活情境转化。

3. 认知发现学习说

学习不是在外界环境的控制下被动形成的，而是主动地在头脑中构建出一套完整的学习模式，形成这种认知的学习结构。

学习的本质是学生可以主动地去学习，从而构建知识结构。所谓"认知结构"就是编码系统，这个系统是特定的。学生应该接受特定的系统，这样他们才能将自己的想法融入整套属于自己的编码系统中。因此，教学不能让学生被动地进行知识的接受，而是学生应该在教学过程中更加积极地与教师进行互动，甚至可以配合教师进行教材的设计。

4. 建构主义理论

建构主义理论认为教学不再是简单的知识转移，而是知识的转化。教师不仅要做知识的传授者，还要关注学生对各种现象的理解，倾听他们的观点。教师是组织者、帮助者和推动者，在教学过程中，教师可以通过情境、对话、合作等帮助学生构建他们所学的知识。

建构主义强调的是知识与人和环境之间互动所产生的结构，强调的是知识与经验的双向沟通，学生不再是被动的知识接受者，而是主动的知识构建者。这种结构的变化是不可替代的，这也就意味着学生应该更加主动地去与外界信息建立联系，并在此基础上做出新的、个人的理解。学习也不再是简单的经验积累，而是新旧体验之间的互动过程。

教师在教学中应该从传递知识变为综合思考，尽可能地创造当前学习内容的真实情境，通过生动的图像和情境积极建立学生的旧知识与新知识之间的联系，通过这种联系让学生更好地理解新的知识，从而构建出全新的知识结构。

（三）情境教学的原则和方法

1. 情境教学的基本原则

教学中，教师应该努力制造出一个近乎真实的场景，为学生创造出积极的情感体验，这种积极的情感体验和真实的场景可以让学生的学习变得更加轻松、愉快。情境教学对教师的教学管理技能、资源检索技能、多媒体运用技能、知识和实践经验提出了更高的要求。该方法如使用不当，教学内容就容易成为教学工具的附属物，影响教学的有效性。因此，情境教学法的应用应遵循以下基本原则：

（1）系统性原则

教学要确保语言知识是系统的和科学的；在词汇教学中，选择最常用的单词作为核心，然后逐渐扩大词汇量；通过简单的介绍，让学生感受语法；在不同的阶段合理安排听、说、读、写。

（2）参与性原则

在教学过程中，要充分鼓励学生参与实践。情境教学的核心是创设多种多样的学习环境，这些学习环境的创设需要每个学生积极地参与。情境教学的另一个重点是教师在日常教学中引导学生去学习生活知识，用所学理论知识解决生活中的实际问题，从而帮助学生积累生活经验。在教学过程中，教师应该多关注学生的内心体验和感受，从而保证学生在行为和情感上的双重参与。

（3）情境优先原则

教师要以创设情境为主，让学生在日常生活中多去观察生活中的情境，从而帮助学生更快地感知和理解新的、不同的语言教材与材料，充分使用生动直观的图像和视频，调动学生原有的知识和经验，使它们串联起来。只有这样，才能让学生更快地熟悉新的语言形式。

（4）可操作性原则

场景的设置要更加方便和实用，要具备灵活性和开放性；在场景的设置中，要尽量避免过多地依赖数字媒体；同时，场景的设置也要更加生动、直观。只有这样，才可以避免学生在学习时产生误解。

2．创设情境的方法

（1）视觉教具

视觉教具包括具体的物体、图画、电影等。视觉教具的使用能吸引学生的注意力，使课堂生动有趣，使学生轻松愉快地感受和理解教材的内容。教师可以制作教具或购买现成的产品。

（2）实物教学

实物教学是指在由具体物体所创造的场景中教学。具体物体一般适用于初学阶段的场景创造，可以吸引学生的注意力，激发学生的学习兴趣。

（3）肢体语言

肢体语言是交际过程中用来传递信息的语言。肢体语言是一种特定的身体姿态，不仅可以代替部分语言行为和其他行为，也可以独立地表达想要表达的内容。另外，它还能够表达语言行为所不能表达的感情、态度以及内心变化。

（4）表演

表演是一种由教师展示、学生自行表演的形象化的教学艺术。教师在表演中既能生动演绎教学内容，又能给学生的自我表演带来极大的鼓舞和勇气。

演出前，学生应明确演出的目的和任务。学生在表演的过程中，教师应积极参与其中，并可以扮演导演、评委等角色，让学生在愉快、活跃的氛围中学习语法。

（5）言语描述情境

在外语教学的初始阶段，主要是用具体的物体创造一个客观的情境。它通过刺激学生的感官帮助学生感知和理解教学内容，但不利于学生抽象思维能力的培养。

但是当学生掌握了一定的词汇和语法之后，就可以更好地对语言进行描述，用语言描述的情境可以培养学生的想象力和抽象思维能力，同时也可用于输入阶段和输出阶段。

在语言的输入阶段，教师可以将所要教给学生的词汇编成故事，通过这种形式将知识传递到学生的脑海中，帮助学生在脑海中构建出一个又一个不同的场景，从而帮助学生加强语感。在输出阶段，学生可以将自己掌握的词汇和语法编成相应的故事，这样可以培养学生的思维能力和创造能力。

（6）游戏

外语教学中经常会用到游戏的教学模式，这种教学模式既可以将学生的积极性充分调动起来，也可以营造出轻松愉快的学习气氛。这种学习方式不仅满足了学生对娱乐方面的需要，还增加了语言学习的趣味性。学生也可以通过情境再现的方式进行积极的思考，增强自信心、培养兴趣。游戏的形式要灵活多样，符合学生的心理发展特点，根据不同的语言知识设计不同的游戏形式，让学生不断有新鲜感。

（7）多媒体教学

多媒体教学指的是整个教学过程以计算机为中心，通过视听技术与课堂教学相结合的一种模式来实现课堂教学的优化。多媒体教学可以充分激发学生的学习兴趣和积极性，创造良好的语言环境，有助于优化课堂教学。多媒体教学突破了传统的教学模式，通过现代手段营造出良好的教学气氛；同时，多媒体教学在提高教学质量、激发学生的学习兴趣和创新思维等方面都有着非常重要的作用，也是现阶段社会中不可替代的一种教学模式。

3. 情境教学的一般程序

（1）情境导入

情境导入不仅是学生接触新语言材料的阶段，也是语言学习的输入阶段。教师可以以投影等方式创设静态情境，帮助学生理解新单词和句型，建立知识点之间的联系。

（2）情境操练

情境操练既是语言材料的练习阶段，也是语言学习的半输入半输出阶段。在这个阶段，教师可以通过视频的方式创设动态的情境，让学生做机械的或选择性的练习以巩固新的语言知识。

（3）情境运用

情境运用既是学生灵活运用语言材料的阶段，也是语言学习的输出阶段。教师可以通过创设故事情境，如角色扮演等，培养学生灵活运用语言的能力。

4. 教师在情境教学法中的作用

在情境教学法中，教师的作用主要有以下三种：

（1）示范作用

教师在情境教学中的示范，会使学生对将要学习的内容有大致的了解，学生再学习和应用起来就会相对容易很多。

（2）协调指挥作用

在情境教学法中，教师对教学的难度和进度起着主导作用。教师要通过提问和其他提示引导学生正确回答问题，学生得到正确的引导和适当的鼓励后，会激发更大的潜能。

（3）监督作用

在学生的实践过程中，教师要注意学生的语法和结构错误，及时纠正。很多错误是存在于学生潜意识中的，会在实践的过程中表现出来，教师应注意观察和聆听学生。

（四）情境教学法的实施

长期以来，传统的语法翻译法一直主导着我国的外语教学。显然这种教学模式对于学生兴趣的培养是非常不利的，对于调动学生的积极性也是非常不利的。目前，情境教学法还没有被作为一种独立的教学运作模式进行使用。但近年来，情境教学受到重视并逐渐应用于外语教学实践中，取得了良好的效果。

1. 复习

复习之前的知识，将其作为一节课的开始，关系到整节课的教学效果。在上课之初，教师要调整学生的状态，让他们投入学习，使学生达到良好的精神状态，调动他们的积极性。

2. 介绍

在这个环节，教师将新的语言知识传授给学生，学生得到更多的感性知识。在感知阶段，新的知识信息通过学生短暂的记忆后进入学生的大脑，教师需要在日常的教学中激活这份记忆，并且构建新的语言环境。

3. 操练

引入新的知识后，教师应及时为新的知识创建相应的情境，让学生可以有目的地针对新知识进行实践，使学生积极参与课堂上的各种活动。实践活动要多样、有趣，让大多数学生能充分参与进来，在学习过程中表现出热情。

4. 练习

根据课堂中所学的知识点，有针对性地创设学习情境，培养学生灵活运用语言的能力。

5. 巩固

教师可以引导学生开展多种多样的小组活动，可以将所学知识在教学活动中进行进一步的巩固和拓展，最终达到深化的效果。

通过情境教学法教授新的语言点，学生可以激活背景知识、激发兴趣，通过语境学习新单词和目的语。

第二节 以跨文化意识为导向的外语教学创新

一、以跨文化意识为导向的外语教学策略创新

外语教学应该基于母语文化，对目的语文化知识的学习加以重视，并且在学习的过程中将目的语文化与母语文化进行对比。学生进行外语学习的过程也是认清自身文化身份的过程。外语教学的目的是让学生能够汲取目的语文化中的精华，培养跨文化交际能力，而不是形成民族中心主义。

（一）转变教学方式

1. 以目标为指导

教师需要和学生共同努力，帮助学生提升外语水平。教学目标是具备激励作用的，能够把人们的需求内化成动力，在学习的过程中，学生可以根据教学目标判断学习成果，切实有效地提升自身能力，完成教学目标。

2. 自主学习

学生可以使用新开发的语言学习资料自主学习外语。这种学习资料中有外语教师的语言实践经验，并且能够在学生学习之后对其进行评价和测

试。自主学习资料能够降低学校开发、设计课程的成本。

学生作为学习的主体，通过独立的观察、分析和实践来实现学习目标，培养收集和处理信息、分析和解决问题的能力以及沟通与合作的能力。

3. 个性化学习

学生可以根据人文教育的理念自主选择个性化的学习方案，选用学校规定的学习资料或自学资料进行自身学习计划的制订。个性化学习充分尊重学生的个性，教师能够以学生的学习需求、专业以及兴趣作为基础，对学生的学习状态进行及时调整。学生在这样的教学中不再被动地学习文化知识，而是以更加积极的学习态度进行外语学习。

4. 计算机辅助外语教学

随着科学技术的进步和计算机技术应用的大面积普及，当前的学校教育对培养学生的跨文化交际能力及文化知识的基础教学十分重视。计算机在信息领域有着绝对的优势，充分运用计算机进行外语教学能够有效提升学生的外语综合能力。

学生可以使用各种各样的学习软件和网络交际平台随时随地进行学习，并且对自己的学习进度与学习效果能够有直观的感知。计算机辅助教学不仅有利于学生个性化学习，也有利于外语教师查询学生的学习记录。

（二）具备批判性思维

教育中最为重要的教学目的就是培养学生的批判性思维能力。要不断提升学生看待问题的能力，尤其是培养学生的批判性思维能力，只有这样才能满足社会对教育人才的需求。批判性思维能力是评价、比较、分析、批评的能力，从某种意义上来说，是一种跳出自我、反思自己思想的能力。

语言学习在批判性思维能力提升、理解情境、合作和反思行动中起着重要作用。这也意味着，教师不仅要强调外语学习的工具性目标，还要通过外语学习培养学生的批判性思维能力。

语言可以被看作一种世界观或一种连接思想的方式，外语教学可以使学生的思维更加敏锐，培养其严谨的逻辑思维能力。外语教学的内在价值是在促进学生语言发展的同时，提高学生的批判性思维能力。

外语教学中实用技能的训练是培养学生批判性思维的过程，批判性思维能体现出学生的分析、论证和表达能力。

二、以跨文化意识为导向的外语教学目标优化

外语教学的目标是使学生具备以下能力：让学生具备用外语表达母语文化的能力，让学生具备理解目的语文化的能力。让学生从他者的角度观察母语文化和目的语文化，反思这两种文化模式，并在此过程中建立文化身份，架起他者与自我沟通的桥梁，这是跨文化交际的需要，也是学生学习和拓宽视野的需要。

（一）明确跨文化外语教学的目标

文化通常被认为是语言教学中出现的附加知识，随着社会经济的发展和交际性语言教学的演变，外语教学的重点已经从传统的语言知识教学层面转向语言语用教学和技能教学层面。文化教学的目标也从单纯传递目标文化的信息转变为提高学生的实际交际能力。

在新时期的语言文化教学中，仅仅了解目标文化的知识、在目标文化环境中培养正确的交际行为是不够的，跨文化能力的培养应该提高到一个更高的目标水平。

1. "显性"文化学习路径

"显性"文化学习是相对独立于语言学习的，是相对直接的、集中的文化学习路径，主要是为学生提供一个系统的知识框架，促进他们对整个文化的理解。

"显性"文化学习路径可以体现在外语课堂教学中常用的文化引导上，这方面往往侧重于文化知识点的系统教学，包括以下几个方面：（1）知识文化；（2）文化因素；（3）词语的文化语境；（4）话语和话语结构所涵盖的文化因素；（5）非语言形式的文化背景知识。

这既是学生在交际活动中发展交际能力和思维能力的要求，也是学生在跨文化交际中的实际需要。

2. "隐性"文化学习路径

"隐性"文化学习与语言学习相融合，往往是一种间接的、分散的文

化学习路径。"隐性"文化学习路径重视学生的主动参与，这种主动参与会渗透到语言学习的相关过程中，影响人的思维方式，帮助学生熟悉自己文化中隐藏的内容，最终目标是培养跨文化交际能力。

（1）普通目标

普通目标主要是希望学生有一个稳定的知识、技能和价值体系，包括：了解本民族文化和目的语国家的风俗习惯与社会制度；可以向他人介绍我国文化；具备与目标语言文化背景的人进行交流的能力；尊重他国文化，态度积极，具有较强的文化敏感性；依靠文化知识和交际策略发展人际关系；可以在跨文化学习的过程中提高自己。

（2）更高目标

更高目标主要是针对外语水平高、外语学习动机强的学生制定的，除了完成以上普通目标外，还应做到以下几点：对本民族文化和目的语文化的共同习俗与社会制度有更深入的了解；能进行灵活有效的跨文化交际；具备跨文化活动的组织协调能力

学校应该把培养目标放得更长远些，这样学生就可以开展有关跨文化交际能力的实践活动，营造一个良好的文化学习氛围。

（二）基于外语教学目标的优化措施

1. 教师层面

（1）教师对跨文化交际能力和跨文化教学的理解模糊

因为当前有很多教师并没有深入地研究跨文化教学理论，在教学的过程中通常会根据自己以往的教学经验和教学观念进行课堂教学，这样就会使教学任务的难度增加。教师需要具备一定的语言能力才能进行跨文化交际的教学活动，教师与学生的语言能力达到一定的水平才能进行流畅的沟通。然而，由于缺乏相关的文化学习和研究，跨文化教学往往流于表面，深层次的文化概念挖掘、思维方式和价值探讨难以深入，跨文化教学缺乏思考的乐趣。

为教师提供跨文化培训机会，可以让他们的跨文化交际能力可以在短时间内得到提高。具体措施如下：第一，文化实训。通过讲座、案例分析等方式向教师传授知识，帮助教师掌握跨文化交际的重要概念。第二，文

化意识培训。帮助教师增强跨文化敏感性。第三，认知行为调整。帮助教师对文化教学目标有良好的定位。第四，互动学习。帮助教师更好地设计教学大纲和教学计划。第五，体验式学习。帮助教师更好地选择合适的教学方法。

（2）教师的跨文化知识结构欠缺

跨文化交际具有非常明显的跨学科性，因而跨文化交际是一个跨学科性质非常强的学科领域，需要外语教师对知识结构进行重塑。

通常情况下，外语教师的知识结构比较单一，对文化知识的储备并不足以支撑其进行跨文化交际教学。外语教师通常来自外语专业，没有其他专业背景。大多数教师将时间放在教学与研究自身学科的论文上，很少有时间进行文化知识的学习，提升自身的文化知识水平非常困难。

要对教师的文化知识结构进行改善。即便外语教学课程不是专业的跨文化交际课程，教师仍然需要具备足够的文化知识储备量以提升自身的跨文化交际教学能力。具体优化措施如下：第一，教师需要增加自己的文化知识，包括文学、历史、地理等方面的知识，自觉做好积累工作，形成一套自己的文化教学方法。第二，教师需提升自身对文化的敏感性，加强自身的语言能力，要能够从文化的层面对语言现象进行研究和解释。第三，教师需提升自身的交际能力，掌握更多的交际知识，同时还需积累自身的交际实践经验。

（3）教师对跨文化教学的认识和教学实践不相符

从外语教学的目的来看，外语教师实质上是具备高度统一性的。以教师的角度审视外语教学的目的，其中之一就是教会学生说外语，并能够让学生使用外语与目的语国家的人进行交际，而跨文化交际成功的基础之一便是具备文化知识。同时，外语教学应帮助学生提高文化意识，妥善处理文化差异，培养学生相对开放的文化价值观。

在教学活动过程中，教学实践活动并没有按照教学理念进行的情况并不罕见。虽然也有很多教师认识到跨文化交际教学的重要性，但是在具体的教学活动之中，他们还是将文化知识教学视为一种可有可无的"添头"，并且很多外语课堂教学方式十分单调，很少开展课堂教学讨论等跨文化体验活动。

　　加强教师对跨文化交际能力的认知势在必行。具体措施如下：第一，加强理论培训。理论知识往往被认为是外语教师的薄弱环节，对于大多数外语教师来说，要加强自己对跨文化交际能力的认知，就必须在阅读文学作品的基础上明确跨文化交际能力的构成要素。同时，教师需改变过去单一的教学理念，将语言教学与文化教学相结合，从而提高自身的跨文化交际能力。第二，进行文化学习。教师想要快速地提升自身的跨文化交际教学能力，最简单的方法就是进行文化学习，这也是教师提升自身综合教学能力最有效的方法。在每轮备课中，教师都需要收集新的信息，更新教学内容，改进教学方法。

　　2. 学生层面

　　在当代，越来越多的教师认识到学生才是跨文化教学的主体。从这个角度看，学生对跨文化学习的态度是影响跨文化教学效果的关键因素之一。以下笔者从认知、情感和行为三个方面对外语学生的跨文化交际能力的不足进行分析：

　　（1）学生的跨文化意识薄弱，对跨文化学习不了解

　　第一，对文化的理解是狭隘的。当前部分学生对文化的价值观和与文化相关的历史知识不够重视，在面对文化知识盲区或不同文化时，自身的眼光和思想较为狭隘。

　　第二，文化敏感性低。随着经济全球化进程的加快，我国学生虽然对跨文化交际能力的重要性有了新的认识，但是对文化的敏感性还不足以支撑他们进行成功的跨文化交际。有些学生对文化知识的学习并不重视，甚至还有些学生认为文化知识的教学会削弱他们学习外语的积极性。这代表着学生对教材中的文化知识内容没有正确认识，他们并没有深入地思考和学习文化知识，并且对跨文化能力需求的了解过于片面。

　　经过多年的调研可以发现，我国学生所掌握的文化知识不足，这与我国长时间以来在外语教学中过于强调语言能力的提升有关。长时间的语言能力培养并没有使学生达到提高语言能力的目的；相反，这种过于强调语言能力训练的教学理念在某些方面影响到了学生学习语言文化知识的积极性。

（2）学生缺乏平等的文化观，文化移情能力较弱

要让学生树立平等的文化观，培养文化移情能力。平等的文化观是跨文化交际成功的基础，只有相互尊重，才能完成文化之间的交流。文化移情往往是指交流双方站在对方的角度考虑问题，能够跨越各自的文化思维模式，理解和尊重对方的思想，合理地表达自己的观点。

（3）学生实际跨文化交际不足，缺乏解决交际问题能力

解决跨文化交际问题的能力、建立和维系跨文化交际关系的能力，以及完成跨文化交际的能力，都是跨文化交际能力中的行为因素。

学生的跨文化交际能力不足，究其原因是我国学生参与跨文化交际活动的积极性不高。

学校需要为学生提供更多的跨文化交际实践活动，以锻炼学生的跨文化交际能力。学生要将在课堂学习中获得的语言知识、文化知识、语言技能转化为实际的交际行为；同时，教师需要在学生交际的过程中正确引导学生的交际行为。

第七章　跨文化传播发展

第一节　跨文化传播中的语境意义

一、语境的内涵

语言本身是社会行为的一部分，其意义在于通过语境中的功能实现交际目的。语境包括各种因素，如上下文、交际地点、对象及社会文化等，这些因素共同构成了语言使用的基础。语境为交际提供了必要的背景和框架，使信息能够被准确传达和理解。

海姆斯提出了SPEAKING模型，该模型包括setting and scene（背景与场景）、participants（参与者）、ends（结果）、act sequence（行为顺序）、key（关键）、instrumentalities（手段）、norms（规范）及genre（体裁）等因素。这些因素共同构成了语言交际的全貌，影响着交际的过程和结果。

语境对语义的影响最直接。实际语境、个人因素如文化教养和知识水平等都会对语言的含义产生重要影响，同一句话在不同的语境下可能会有不同的理解。比如，在医院中对待病人和与朋友聊天时使用同样的语句，其含义可能完全不同。个人的文化背景、教育水平等也会影响到对语言的理解和使用，比如对于某些文化特有的隐喻或俚语，只有了解了相应的文化背景，才能准确理解其含义。

语境由内部和外部两个层面构成。内部的语境是指共有的语言知识和上下文理解，包括词语、句子等在特定语境下的意义和用法。外部的语境则分为情境和文化两个部分。情境语境涉及特定的交际情境相关知识，包括交际者的身份、地点、时间等因素。文化语境则包含与特定情境无关的一般背景知识，如习俗、信仰、历史等。这三个方面共同构成了语境，为语言交际活动提供了主客观环境，由语码编织而成。

　　语境的特征具有多个方面的表现。它相对封闭，即特定的语境限定了词语或句子的意义和用法；同时，外延和内涵的可调整性使语境的理解具有一定的灵活性，可以根据具体情境做出调整。信息流动的方向性是语境的一个重要特征，语境影响着信息的传递方式和效果，决定了交际者间的沟通效果。此外，语用主体的特定性也是语境的一个重要特征，不同的交际者在相同的语境下可能会产生不同的理解和反应。在语境中，信息的传递是实现的核心。语境的不同会直接影响词义的理解和推导，同一词语在不同的语境中可能产生不同的含义。因此，对语言交际的参与者来说，理解和适应语境至关重要。

二、语境与文化语义的阐释

（一）语篇语境与文化语义的阐释

　　语篇是语言表达的一种形式，与句子相比，不完全受语法约束，而更注重语义的完整性。在特定的语境下，语篇能够传达出完整的意思。无论是口头语言还是书面语言，语篇的长度都是不确定的，但在特定的语境中，必须能传达出意义。语篇所处的上下文语境包括词语的前后搭配、同频搭配，以及语篇前后的语句，这些因素都对语义的理解起着重要作用。另外，外语单词常常存在一词多义的情况，包括基本义、引申义及比喻义等。这些意义的推导往往受到上下文的限制，只有在特定的语境下才能确定其含义。虽然具体的语境有时会使词义变得单一化、具体化，但如果脱离了特定的语境，这些词语的意义就会变得多重、不确定。下面是狄更斯小说中一段主仆之间的对话：

"Are you engaged？" said the clerk.

"What business is that of yours？" replied the Lord. "Everyone knows that I'm engaged to Miss Rosy, the youngest daughter of…"

"Can you see a female？"

"Of course I can see a female as easily as I can see a male. Do you think that

I'm blind？"

"You don't seem to follow me somewhere．"

"Why should I follow you？Do you dream of exchanging positions with me？You fool！"

"There is a female downstairs and she asked to make sure whether you are too busy to receive her．I really don't know why you talked like that，sir．"

多义词在特定语境下通常不会产生歧义，因为语境会排除其他含义。缺乏共同语境可能导致交流误解。语言交流是认知过程，基于相关语境进行选择而获得理解。语境假设不一致导致交流失败。在例子中，仆人使用的词被主人误解，展示了语境对词义的影响。确定词义的单一性和确定性需要考虑具体语境。在汉语中，一字多义也普遍存在，如"吃"，需要根据上下文和字典解释确定意义。

在语言交流中，多义词的语境化使用是确保有效沟通的重要因素。例如，当一个人谈论"银行"时，如果背景是金融领域，听众就会理解为金融机构；但如果讨论的是河岸上的地形特征，那么"银行"就被理解为河岸。当交流双方缺乏共同语境时，就可能产生误解。为了避免这种情况，交流双方需要尽量明确和共享语境信息，以确保正确理解对方的意图。请看下例：

吃饭　have a meal

吃药　take medicine

吃馆子　dine out

吃喜酒　attend the wedding banquet

吃醋　be jealous

吃耳光　get a slap in the face

吃官司　get into trouble with the law

吃惊　be startled

吃苦　bear hardship

吃亏　suffer losses

吃不消　be unable to stand

吃瘪　be beaten，acknowledge defeat

吃不开　be unpopular

连吃败仗　suffer one defeat after another

模糊语境是导致词语多义化的主要因素之一。在缺乏上下文的情况下，一个词可能有多种解释，容易造成歧义。有时，说话者也会故意运用多义词以达到双关效果。例如，"An ambassador is a man who lies abroad."中的"lies"既可表示撒谎，也可表示驻扎，利用多义词造成双关。然而，一旦进入具体语境，多义词的意义就会变得明确。在具体的句子或段落中，多义词往往只有一个义项与其他词结合，显示出其明确的意义。例如：

a broken man　一个绝望的人

a broken soldier　一个受伤军人

broken money　零钱

a broken promise　背弃的诺言

broken English　蹩脚的英语

a broken spirit　消沉的意志

在语言交流中，词语的意义往往不是静止不变的，而是可以根据具体的语境赋予临时的含义。这种灵活性在文学作品中尤为突出。例如，在经典小说《红楼梦》中，人物之间的对话经常涉及特定的称呼和称谓，如黛玉对宝玉的话语中暗含了姐姐和妹妹的称呼。然而，要理解这些称谓背后的真正含义，就需要深入了解上下文和人物关系的复杂性。这种需要从上下文中获取意义的现象也常见于跨文化交际中。在翻译过程中，译者不仅需要考虑源语文化的语码，还必须思考接受者是否具备足够的文化背景知识来理解这些语码，以确保译文的准确性和通顺性。因此，翻译并不仅是简单地选择语码，更是构建合适的译文语境的过程。译者需要在保留原文意义的基础上，将语码嵌入接受者熟悉的语境中，使译文在文化背景下具有相似的语义表达。这种综合考虑源语文化、目标语言及文化背景的翻译过程，是为了确保译文准确地传达原文的意义，实现跨文化交际的有效沟通。

（二）情境语境与文化语义的阐释

情境语境是指参与交际的人、事件、渠道、场景，以及交际者的个体心理和相互关系等因素的综合。作为一种动态的语境，它不断影响着听话者对说话者话语意义和交际意图的理解。在语言交际中，情境语境起着至关重要的作用，既包括客观因素，如时间、地点、社会背景等，也包括主观因素，如说话者的情绪、态度等。在日常交往中，情境语境还涉及眼色、面部表情、手势等副语言环境，进一步丰富了交际的信息传递。在语言研究和教学中，客观情境和主观情境应该受到同等重视，因为它们共同构成了语言交际的基础，对于准确理解和有效运用语言至关重要。

（三）文化语境与文化语义的阐释

文化语境是特定社群的社会规范和习俗的综合体现，包括语言运用的社会文化背景、历史文化传统、思维方式、价值观念及社会心理等。这种语境不仅是整个语言系统的环境，更是社会结构的产物。具体的情境语境源于文化语境，因为文化语境在跨文化交际中起到至关重要的作用。语言与社会相互依存，文化语境会直接影响言语表达方式和词语内涵色彩。文化赋予词语文化内涵色彩，称为"国俗语义词"或"文化负载词"，这种内涵使同一词语在不同文化中有着不同的理解和感情色彩。不同文化感知的人对同一语言符号可能产生不同的理解，因为感知的标准由文化背景决定。

文化差异显著地影响语言理解。由于风俗习惯、心理因素和文化背景的不同，同一事物在不同文化中可能具有截然不同的含义，因此要准确理解某种语言形式，必须了解其文化语境。文化语境在语言理解中十分重要。例如，要理解美国的"graying society"一词，就需要知道"gray"在该文化语境中的委婉含义，指的是老龄化社会。在美国社会中，老龄化被称为"graying society"。由于美国社会竞争激烈，人们普遍忌讳直接提及"老"这个词，因此通常使用诸如"the elderly people""senior citizen"或"pensioner"等委婉语来指代老年人。这种语言现象反映了美国社会对老龄化的微妙态度。相较之下，中国社会对年龄有着截然不同的看法。在中国，年龄被视为智慧和阅历的象征，有"岁月带来智慧"的说法。这种文化背景使中国人在谈论年龄时更开放和尊重，甚至视其为一种荣耀。此外，"a loneliness industry"一词在美国特有的社会背景下也具有特殊意义。它是指美国为了照顾大量孤寡老人而建立的社会福利制度。理解这一概念不仅需要掌握词语本身的含义，还需要了解美国社会中老年人面临的孤独问题及其相应的社会应对措施。

第二节　跨文化传播与翻译

一、文化因素对翻译的影响

（一）语言文化因素及其对翻译的影响

1. 语言文化因素

（1）词汇文化因素

对英汉语言来说，词汇是其组成的细胞，并且英汉两种语言中的词汇是非常丰富的。但是，这种丰富性也使英汉词汇在词义、搭配、构词方式等层面存在差异。

①完全对应

在英汉两种语言中，有些词在词义上是完全对应的，包括名词、术语、特定译名等。

②部分对应

在英汉两种语言中，有些词的词义部分对应，即有些外语词词义广泛，而汉语词词义狭窄；有些外语词词义狭窄，而汉语词词义广泛。

③无对应

受英汉文化差异的影响，在英汉两种语言中，很多词在对方语言中找不到对应词，就是所谓的"无对应"，也被称为"词汇空缺"。

④貌合神离对应

在英汉两种语言中，有些词表面看起来是对应的，其实不然，这种对应的词语可以称为"假朋友"。

⑤词的搭配

词的搭配研究的是词与词之间的横向组合关系，即所谓的"同现关系"。一般来说，搭配是约定俗成的，但是英汉搭配规律存在明显的差异，不能混用。

（2）句法文化因素

①语言形态

从语言形态学来考量，语言可以划分为两种：一种为综合型语言，另一种为分析型语言。前者的主要特征是语序非常灵活，后者的语序则相对固定。

从总体上来说，汉语的分析型成分占主要部分，因此汉语语序较为固定。相比之下，外语属于分析型语言，但是很多外语句子既包含分析，又包含综合，因此外语是分析与综合并存的语言。在汉语中，句子的主谓语序为正常语序，即主语位于谓语之前，说明中国人使用倒装句是非常少的。当然，外语中也有一些与汉语类似的情况，但是外语中会使用大量的倒装句，尤其是在一些商务文体中，倒装句的使用频率要比汉语多得多。这里就以倒装句为例来分析英汉语序的差异。

"If I had known that walking from the bank to the convenience store would take 16 blocks, I would have worn more comfortable shoes."

如果我知道我们从银行到便利店要走16条街道的话，我会穿更舒服的鞋子。

从这一例句可以看出，英汉两种语言在主谓语序上存在明显的差异，具体而言表现为两点：一是动词移位的差异，二是末端重量的差异。首先，在外语中，动词是可以移位的。这可以在外语陈述句与疑问句的转换中体现出来。相比之下，汉语中并不存在这一情况，汉语中陈述句与疑问句转换时，动词位置不需要移动。其次，有时为了实现某些语义需要，动词需要移位。在外语中，一些话题性前置的现象非常常见，尤其是表达否定意义的状语的前置现象，即将助动词置于主语之前，形成主谓倒装句式。但是，在汉语中，这种语法现象是不存在的。最后，有时为了凸显语势，或者使描写更具有生动性，动词会发生移位。在外语中，这种现象称为"完全倒装"，这种倒装是为了满足修辞的需要产生的，因此又可以称为"修辞性倒装"，即将谓语动词置于主语之前，以此来抒发强烈的情感。

外语是非常注重末端重量的，体现在以下两个方面：

首先，在外语中，句尾常放置分量较重的部分，再按照先短后长的顺序组织句子，汉语则与之相反。

其次，在外语中，当主语或宾语属于较长的动名词、名词性从句、不定式等成分时，一般将这些长句的主语置于句子后半部分，主语用it来代替。但是，在汉语中，并不存在这种语法现象。

②扩展机制

这里所谓的"扩展机制"，是指随着思维的改变，句子基本结构也呈现线性延伸，因此又可以称为"扩展延伸"。如果从线性延伸的角度来考虑，英汉句子采用不同的延伸方式。汉语句子的延伸，其句首是开放的，句尾是收缩的。外语句子的延伸，其句尾是开放的。

外语采用顺线性扩展延伸机制，而汉语采用逆线性扩展延伸机制。顺线性扩展延伸，是从左到右的扩展，即LR扩展机制（L代表left，R代表right）；逆线性扩展延伸，是从右到左的扩展，即RL扩展。

③语态因素

首先，汉语善用主动语态。在语言使用中，中国人更习惯采用主动语态来表达，以强调动作的执行者。但是，汉语中也存在被动语态，主要用来表达不希望、不如意的事情，如受祸害、受损害等。受文化差异的影响，汉语中的被动语态在表达上往往比较生硬。汉语中并不存在外语中那么多的被动句式，也很少使用被动句式，而是采用主动句式。这与中国人的主体思维有着密切的关系。中国习惯"事在人为"，即行为与动作都是由人产生的，事物或动作不可能自己去完成，因此对动作执行者的表达至关重要。如果无法确定动作执行者，那么也往往会使用"有人""大家""人们"等泛称词语。当然，如果没有泛称词语，那么也可以采用无人称，就是我们所说的"无主句"。

其次，外语要善用被动语态。西方人对于物质世界的自然规律是非常看重的，习惯弄清楚自然现象的原理。与中国人相比，他们更加看重客观事物，善于对真理的探求。在语言表达上，他们习惯采用被动语态来对活动、事物规律或者动作承受者加以强调，对于被做的事情与过程非常看重。因此，在外语中，被动语态非常常见，甚至在有些文体中，被动语态是常见的表达习惯。

从语法结构上来说，外语中存在十多种被动语态，并且时态不同，被动语态结构也存在差异，如一般现在时被动语态、一般过去时被动语态等。当然，不同的被动语态，代表的意义也必然不同。

外语中常用被动语态，主要有以下几点原因：其一，当不清楚动作的执行者，或者动作的执行者没必要指出时，一般采用被动语态。其二，当突出动作的承受者时，一般采用被动语态。其三，当动作的执行者非人时，一般采用被动语态。其四，汉语中的"受""被""由"等被翻译成外语时，一般采用外语中的被动语态。其五，为了表达的需要，在新闻、科技、公文等实用文体中，也常常使用被动语态。这是因为新闻文体注重语气的客观性，要求叙事冷静、翔实，动作执行者往往比较难以表明；科技文体比较注重活动、事理的客观性，往往也会避免提及动作执行者；公文文体注重公正性，语气往往比较正式，这些情况都要求使用被动语态来表达，以淡化动作执行者的主观色彩。

（3）语篇文化因素

①隐含性与显明性

所谓"隐含性"，是指汉语语篇的逻辑关系不需要用连接词来标示，但是通过分析上下文可以推断与理解；所谓"显明性"，是指外语中的逻辑关系是依靠连接词等衔接手段来衔接的，语篇中往往会出现"but""and"等连接词，可以称之为"语篇标记"。汉语属于意合语言，外语属于形合语言，前者注重意念上的衔接，因此逻辑关系具有高度的隐含性；后者注重形式上的接应，因此逻辑关系具有高度的显明性。

在上述例子中，汉语原句并未使用任何连接词，但是很容易理解，是明显的转折关系。在翻译时，译者为了使译文符合外语的形合特点，添加了"but"一词，这样才能被外语读者理解。

②展开性与浓缩性

除了逻辑连接上的隐含性外，汉语语篇还具有展开性，即常使用短句，节节论述，这样便于将事情说清楚、说明白。外语在语义上具有浓缩性。显明性是连接词的表露，是一种语言活动形式的明示，而浓缩性并非如此。外语具有独特的思维方式与语言特点，决定了表达方式的高度浓缩性，人们习惯将众多信息依靠多种手段来表达，如果将其按部就班地转化成汉语，那么必然是不合理的。

③迂回性表述与直线性表述

汉英逻辑关系的差异还体现在表述的迂回性与直线性上。汉语侧重铺垫，先描述一系列背景与相关信息，再总结陈述要点；外语侧重开门见山，将话语的重点置于开头，然后再逐层介绍。

语言层面的差异对翻译的影响是直接且明显的。无论是词汇层面的翻译、句法层面的翻译还是语篇方面的翻译，译者在翻译前都必须先了解其中的文化内涵，这样才能有效避免误译、错译。

（二）物质文化因素及其对翻译的影响

1. 物质文化因素

物质文化包含的内容非常丰富，涉及人们生活中的衣、食、住、行、用各方面，如饮食、日用品、服饰、生产工具和设施等。英汉民族在物质方面存在显著的差异。这里重点以中西方饮食文化的差异为例进行说明：

在饮食对象方面，中国人的饮食与生存环境有着密切关系，由于中国以种植业为主，畜牧业只占一小部分，中国人的饮食多为素食，辅以少量的肉类。随着中国经济的发展，食物的种类在逐渐增多，烹调方式也多种多样。这些都使中国人对于美食是乐在其中的，并且不辞辛苦地追求美食的创新，将美食文化发展到极致。西方国家以畜牧业为主，种植业较少，因此西方人饮食多以肉类或者奶制品为主，同时，食用少量的谷物。西方的饮食往往是高热量、高脂肪的，但是他们讲究食物的原汁原味，汲取其中的天然营养。西方人的食材虽然富有营养，但是种类较为单一，制作上也非常简单，他们这样吃的目的不在于享受，而是生存与交际。

在饮食习惯方面，中国人不管是什么样的宴席，人们都习惯围圆桌而坐，所有的食物无论是凉菜、热菜、甜点等都放在桌子中间。同时，中国人会根据用餐人身份、年龄、地位等分配座位，在宴席上人们也会互相敬酒、互相让菜，给人以安静、祥和之感。西方人用餐则通常采用分食制，即大家用餐互不干涉。在西方的宴会上，人们的目的是交流情谊，因此宴会的布置会非常优雅、温馨。西方人对于自助餐非常钟爱，食物依次排开，大家根据自己的需要索取，选择自己喜欢的食物，这既方便大家随时走动，也能促进交往。

2. 物质文化因素对翻译的影响

鉴于中西方饮食文化存在明显的差异，在向西方宾客介绍中国菜肴时，尤其介绍中国菜名时，必须掌握一定的翻译技巧，要把握菜肴命名的侧重点，使宾客能够对菜肴一目了然，并了解菜肴背后的文化内涵。

例如，为了取吉祥的寓意，中国菜名常会借用一些不能食用的物品，如"翡翠菜心"。显然，"翡翠"是不能食用的，是蔬菜艺术化的象征，因此在翻译时应该将"翡翠"省略。再如"麻婆豆腐"，这道菜是四川地区的名菜，传闻是一个因脸上有麻子、人称"陈麻婆"的女性创新烹制而成，但是西方人对这一典故并不了解，因此翻译时不能直译为"a pockmarked woman's beancurd"，而应该以这道菜味道的特殊性作为描述重点，便于译入语读者理解，可以翻译为"Mapo tofu stir fried tofu in hot sauce—the recipe is attributed to a certain pockmarked old woman"。

又如，中国饮食文化具有悠久的历史，加上原材料与烹饪方法非常丰富，因此很多菜名都是独一无二的，在翻译这类菜名时，往往需要进行迁移处理，把握译入语的当地特色，采用音译的方式来处理。请看下面几例：

包子　baozi

馒头　mantou

炒面　chow mein

总之，英汉民族在物质方面的差异会给译者带来一定的困难，译者在翻译过程中要广泛涉猎各种文化背景知识，有了一定的文化知识储备，翻译起来才会更加得心应手。

二、跨文化传播视域下翻译的原则

传播、文化和意识相互交织在一起，形成了人们在跨文化传播过程中持有的视角。语言作为一种工具性的存在，是人们理解传播、文化与意识的关键所在。在跨文化传播过程中，传播、文化和意识这三个元素看似独立，实则密切结合为一个整体。对于跨文化传播视域下的翻译是否有原则或者翻译是否需要一个原则来约束，不同的学者有着不同的见解。赞同"译学无成规"的大有人在，认为"翻译是一门科学，有其理论原则"的也不在少数。

（一）文化信息等值原则

文化信息等值原则是在文化差异背景下翻译活动应遵循的重要原则，具体来说，译者要尽量使译文实现与原文在语言、文本、文化及思维等层面的等值。

（二）文化再现原则

从翻译的性质与任务的角度来看，翻译的过程就是文化再现的过程，因此需要遵循文化再现原则。具体来说，文化再现应该能再现源语文化的特色。举例如下：

原文：人怕出名，猪怕壮。

译文1：Bad for a man to be famed；bad for a pig to grow fat.

译文2：Fattest pigs make the choicest bacon；famous men are for the taking.

上述原文为汉语中的俗语，是中国传统语言形式之一，具有十分丰富的文化内涵。在翻译过程中，很难在外语中找到匹配的表达形式。上述俗语指的是人一旦出名就会有更大的挑战和困难，因此，出名之后的生活反倒会十分困难。这就像猪长胖之后摆脱不了被宰杀的命运一样。译文1从原文的文化内涵出发，将其含义表达得淋漓尽致；译文2采用了创译的形式，但是译文和原文在表达与情感色彩方面都存在差异。

（三）风格再现原则

在进行文化翻译时，风格再现原则也是一个重要的原则。通常来说，风格再现原则中的风格主要涉及以下几点：

1. 文体风格

文体不同，风格也必然存在差异，如小说文体与诗歌文体、新闻文体与法律文体等，都呈现着各自的特色，这就要求译者在进行翻译时考虑不同的文体风格，除了将文化再现出来外，还需要将文体的风格再现。以法律文体翻译为例，译者应该注重法律文体中庄重、严肃的口吻，切记不要将其翻译成白话，否则就违背了法律文体的法律意义。

2. 人物语言风格

意味着遇见什么人，说什么样的话，主要体现在文学作品中。

3. 作者的写作风格

译文应该展现原作者的风格，有些作者凸显简洁，有些作者要求庄重，有些作者要求华丽……因此，在翻译时，译者应该将作者的写作风格凸显出来。

三、跨文化传播视域下翻译的策略

如何处理翻译中的跨文化障碍是译者在翻译过程中要面对的一个重要问题，而运用合理的翻译策略会使翻译变得简单。从文化角度来说，翻译策略中比较有影响力的是归化策略和异化策略。在具体的翻译活动中，译者要灵活使用两种策略，也可以综合使用其他策略。

（一）归化策略

所谓"归化翻译"，是指要求译者在翻译时无限地向目的语读者靠拢，采取目的语读者习惯的表达方式传达原文内容。对于那些带有民族文化特色的成语与典故，可采用归化策略。举例如下：

Fine feathers make fine birds. 人靠衣装。

Talk of the devil and he will appear. 说曹操，曹操就到。

归化翻译能使读者产生一种亲切感，读起来舒畅自然。例如，"鸳鸯"如果译为"love bird"就能给外语读者带来情侣相亲相爱的联想，若译作"Mandarin Duck"则没有这样的效果；再如，将"初生牛犊不怕虎"译为"Fools rush in where angels fear to tread"，就采用了外语本族者的语言风格，显示出向外语读者靠拢的迹象，这样能够更好地被外语读者所理解。

（二）异化策略

所谓"异化翻译"，就是要求译者要时刻牢记作者要表达的内容和隐藏的意图，按照源语中被大多数人认可的语言风格重新表达原文的内容。换言之，异化就是将源语文本的"原汁原味"展现给译语读者。

异化翻译的指导思想来源于解构主义，它的代表人物韦努蒂倡导一种"反翻译"的思想，强烈要求译文与原文在风格上的高度相似，并要抵御目标文化占指导地位的趋势。让目的语读者认识并了解源语文化，才是翻译的终极指导思想。例如，将"中国武术"翻译为"Kungfu"，将"风水"翻译为"Fengshui"，将"蹦极"翻译为"bungee"等，就是异化翻译的典型例子，这些翻译范例对于英汉文化之间的沟通大有裨益。

由于中西方文化之间存在不可逾越的鸿沟，原文和译文往往存在矛盾，如何最大限度地避免矛盾、避免误解，就成为译者选择翻译策略的主要动因。就诗歌翻译而言，诗歌中特定的历史文化背景，成为传递原诗意蕴的最大障碍。以李白《苏台览古》为例：

旧苑荒台杨柳新，菱歌清唱不胜春。

只今唯有西江月，曾照吴王宫里人。

The Ruin of the Wu Palace

Deserted garden, crumbling terrace, willows green,

Sweet notes of lotus songs cannot revive old spring.

All are gone but the moon over West River that's seen,

The ladies fair who won the favor of the king.

该诗含有丰富的文化背景。"台"是古代吴国的宫殿，此处通过描写残破的吴国宫殿感慨朝代的盛衰，因此在翻译"苏台"时将其转换成"吴台"，就不会让缺少这一历史信息的西方读者误解。对于"宫里人"，译者运用解释性的策略，将其翻译为"受宠的女子"。这两处都对原文进行了变通，而不是直接翻译，这样有利于读者的理解。但是，对于比较容易理解的事物，译者还是选择直译策略。在翻译"旧苑""杨柳""西江月"等意象时，译者的直译策略最大限度地保留了中国文化的特征。

（三）音译策略

有些源语文化中特有的物象在译语中为"空缺"或者"空白"。此时，只能用音译法将这些特有的事物移植到译语中。这样不仅保存了源语文化的"异国情调",而且吸收了外来语,丰富了译语语言的文化。

(四)不译策略

与传统的直译、意译等策略相比,不译策略更加省时、省力并且能让目的语读者更容易理解和把握。在文化翻译中,译者应该对这一策略进行恰当的运用,从而更好地促进两种语言与文化的共同发展。

例如,iPad就采用了零译法,直接用iPad来表明,不仅能准确表达原本的科技术语,还有助于目的语读者接受该事物。

(五)文化间性策略

所谓"文化间性策略",是指基于文化间性主义与文化间性观,逐渐形成的一种翻译策略。在文化间性主义者看来,译者在进行文化翻译时应该确保互惠互补、相互协调的文化关系。不同文化有着明显的差异性,运用文化间性来处理,有助于寻找二者的共性,实现不同文化之间的互动。

优秀的译者应该具备文化间性的身份,将不同文化的组成要素进行内化,对不同文化的进步与发展情况持有开放、接纳的态度。在这种文化间性理念的指导下,译者可以更从容地参与文化翻译实践中,可以实现两大效益:(1)保持开放的心态,对不同文化间性接纳与包容,从而采用得体的策略与方式对待和处理不同文化;(2)对源语文化进行拓展与开发,在共性思想的指导下,分析与思考源语文化,进而将源语文化推向世界。

从上述定义与理念分析中可知,文化间性是对归化策略与异化策略存在的极端主义的弱化,也是对"信、达、雅"翻译标准的支持。

(六)文化调停策略

在文化翻译中,文化调停策略也被广泛运用,下面就对这一策略的概念与具体的应用进行分析和探讨。文化调停策略是指将一部分文化因素省略不翻译,甚至将全部文化因素省略不翻译,直接翻译其中的深层含义。举例如下:

原文:回头人出嫁,哭喊的也有,说要寻死觅活的也有,抬到男家闹得拜不成天地的也有,连花烛都砸了的也有。

译文:Some widows sob and shout when they are forced to remarry; some threaten to kill themselves; refuse to go through with the wedding ceremony after they've been carried to the man's house; some smash the wedding candlesticks.

原文选自鲁迅先生的短篇小说《祝福》。在中国婚俗中，"拜天地"是一种特有的现象，并且"天""地"这两个字有着丰厚的文化内涵。在中国人眼中，"拜天地"就是所谓的"婚礼"。但是，如果用异化策略进行翻译，那么目的语读者显然是很难理解其真正含义的，因此将"拜不成天地"译成"refuse to bow to heaven and earth"显然不合理，而采用文化调停策略进行翻译，如译文所示，将原作的意象进行省略，而直接翻译出原作的深层含义，这样目的语读者就能真正地理解原作的内涵，也能获得与源语读者相同的感受。

文化调停策略是针对归化策略与异化策略来说的，即如果这两种策略不能解决真正的文化问题，这时译者采用文化调停策略就是正确的。这一策略不仅可以让译文更具有可读性，而且可以减少归化策略与异化策略中的文化问题，但是其也有一定的局限性，即不能对文化意象进行保留，因此不利于文化交流。

参考文献

［1］吕宁. 跨文化外语教学实践研究［M］. 北京：中国纺织出版社，2023.

［2］魏海燕，齐娜，李娅. 跨文化交际与外语翻译研究［M］. 哈尔滨：哈尔滨出版社，2023.

［3］索成秀. 英语思维以及跨文化沟通能力培养［M］. 长春：吉林大学出版社，2023.

［4］冯丽，崔琦超，王艳宇. 跨文化外语交际能力培养实践与理论运用［M］. 长春：吉林出版集团股份有限公司，2022.

［5］吴卫平. 高校外语教师跨文化能力发展路径研究［M］. 武汉：武汉大学出版社，2022.

［6］张红玲，罗选民，庄智象. 跨文化外语教育新发展研究［M］. 北京：清华大学出版社，2022.

［7］李睿. 外语跨文化教学研究［M］. 哈尔滨：哈尔滨工程大学出版社，2022.

［8］张冬梅. 跨文化交际与外语教学研究［M］. 长春：吉林出版集团股份有限公司，2022.

［9］刘和林，谢志辉. 跨文化交际与文化鉴赏英语教程［M］. 长沙：湖南大学出版社，2022.

［10］金鑫. 高校英语公共教学与跨文化交际研究［M］. 北京：中国大地出版社，2022.

［11］刘沫潇，饶巧颖. 跨文化国际传播英语教程［M］. 北京：外语教学与研究出版社，2022.

［12］孙有中，廖鸿婧，郑萱. 跨文化外语教学研究［M］. 北京：外语教学与研究出版社，2021.

［13］郑娜娜．外语教育中的跨文化教学与研究［M］．长春：吉林出版集团股份有限公司，2021．

［14］柴立立．跨文化交际视阈下的外语教学与文化意识培养［M］．北京：中国水利水电出版社，2021．

［15］杨江．外语教育与应用：第7辑［M］．重庆：重庆大学出版社，2021．

［16］王冬梅．大学英语教学的跨文化教育探析［M］．长春：吉林科学技术出版社，2021．

［17］任净，庞媛．当代外国语言文学学术文库跨文化教育和跨文化交际教育研究［M］．北京：北京对外经济贸易大学出版社，2021．

［18］黄文红．跨文化能力国际交往中的核心素养［M］．天津：南开大学出版社，2021．

［19］陈爱玲．跨文化交际语境下的大学英语教学探究［M］．北京：中国书籍出版社，2021．

［20］周宝玲．大学生跨文化交际能力的培养策略研究［M］．天津：天津大学出版社，2021．

［21］熊文熙，范俊玲，肖玲．大学英语教学与跨文化交际能力培养研究［M］．北京：华文出版社，2021．

［22］陶晓莉．大学英语跨文化教学实践探索研究［M］．北京：华文出版社，2021．

［23］王志丽．大数据与外语跨文化思辨研究［M］．沈阳：辽宁大学出版社，2020．

［24］张文忠．外语课程改革与实践新论［M］．天津：南开大学出版社，2020．

［25］夏荣．跨文化教育与翻译能力的培养［M］．长春：吉林人民出版社，2020．

［26］李清．高校英语跨文化教学研究［M］．长春：吉林人民出版社，2020．

［27］谷萍．跨文化视野下英语教学研究［M］．天津：天津科学技术

出版社，2020.

　　［28］江利华．语言文化与外语教学研究［M］．沈阳：辽宁大学出版社，2020.

　　［29］罗震山．跨文化视域下的当代英语教学新探［M］．北京：中国书籍出版社，2020.

　　［30］王欣平．英语跨文化交际教育与教学实践研究［M］．长春：吉林人民出版社，2020.

　　［31］唐旻丽，崔国东，盛园．跨文化视角下的英语教学理论与方法探究［M］．长春：吉林人民出版社，2020.